U0618368

适应性背景下
职业教育产教融合的模式与路径研究

邓志新◎著

吉林人民出版社

图书在版编目（ＣＩＰ）数据

适应性背景下职业教育产教融合的模式与路径研究 /
邓志新著 . –– 长春： 吉林人民出版社， 2022.10
ISBN 978-7-206-19634-8

Ⅰ . ①适… Ⅱ . ①邓… Ⅲ . ①职业教育—产学合作—
研究—中国 Ⅳ . ① G719.2

中国版本图书馆 CIP 数据核字（2022）第 253826 号

责任编辑：刘学

封面设计：清风

适应性背景下职业教育产教融合的模式与路径研究

SHIYINGXING BEIJING XIA ZHIYE JIAOYU CHANJIAORONGHE DE MOSHI YU LUJING YANJIU

著　　者：邓志新
出版发行：吉林人民出版社（长春市人民大街 7548 号 邮政编码：130022）
咨询电话：0431-85378088
印　　刷：长春市昌信电脑图文制作有限公司
开　　本：787mm × 1092mm　　　　　　　　1/16
印　　张：11.25　　　　　　　　字　　数：204 千字
标准书号：ISBN 978-7-206-19634-8
版　　次：2022 年 10 月第 1 版　　　　印　　次：2023 年 1 月第 1 次印刷
定　　价：58.00 元

如发现印装质量问题，影响阅读，请与印刷厂联系调换。

■ 本书是广东省普通高校重点科研平台项目"先行示范区职业教育高质量产教融合模式研究团队"（项目编号：TD2021C002）、深圳信息职业技术学院"'双区驱动'深圳职业教育产教融合标杆模式研究团队"（项目编号：TD2020E002）、深圳信息职业技术学院第八批校级教育教学改革研究与实践重点项目"三螺旋理论下现代产业学院协同创新发展研究与实践"（项目编号：2021dbpigzd03）研究成果。

序　言

　　职业教育产教融合和校企合作是推动职业教育高质量发展和增强职业教育适应性的关键。2017 年 12 月 5 日，国务院办公厅印发了《关于深化产教融合的若干意见》，标志着我国职业教育人才培养进入产教融合新时代。深化产教融合，促进教育链、人才链和产业链、创新链有机衔接，是当前推进人力资源供给侧结构性改革的迫切要求。

　　2019 年 3 月 29 日，教育部、财政部印发《关于实施中国特色高水平高职学校和专业建设计划的意见》指出："创新高等职业教育与产业融合发展的运行模式，精准对接区域人才需求，提升高职学校服务主业转型升级的能力，推动高职学校和行业企业形成命运共同体。

　　2021 年 10 月 12 日，中共中央办公厅、国务院印发《关于推动现代职业教育高质量发展的意见》提出："加快构建现代职业教育体系，培养更多高素质技术技能人才、能工巧匠、大国工匠，为全面建设社会主义现代化国家、提供有力人才和技能支撑。"

　　适应性是一个生态学术语，是指生物体与环境之间相适合的状态，适应的形式与状态是多样化的，这种适应性具有一定的相对性。职业教育的适应性指职业教育所培养的人才是否适应社会需求变化。不断适应产业发展，切实服务经济建设是职业教育发展的最基本要求。职业教育与产业发展相互促进相互影响，一方面，职业教育为产业的发展提供人才支撑与技术服务，尤其是在技术变革时期，职业教育需要更好地适应产业的发展，为产业发展及时提供人才支撑；另一方面，产业的发展促进职业教育发展，产业的更新换代升级直接带动相关行业的发展，进而影响从业人员的规模和结构。职业教育需要适应产业发展需求变化，专业设置、规模和层次都与产业发展紧密相关。职业教育的适应性需要从过去的需求侧被动适应转变为现在的供给侧主动适应，根据市场需求提供人才，而且超前预测市场需求的变化，为产业结构调整和社会变革提供人才。

职业教育只有与经济社会发展同频共振，适应经济发展新形势和技术技能人才成长成才的新需求，才能迸发出更强劲的生机活力。现代产业学院的应运而生完美诠释了产教融合。因此，职业教育高质量发展，必须提高职业教育的适应性，职业教育的适应性集中反映在职业教育的产教融合方面，这也是本书研究和探讨的问题。

本书是笔者从事多年职业教育教学和研究实践经验的总结，从理论和实践两部分研究适应性背景下职业教育产教融合的模式与路径，理论篇涵盖职业教育校企合作模式研究、行业协会参与职业教育模式研究、职业教育集团和产业学院研究；实践篇探讨粤港澳大湾区职业教育协同创新发展以及高职院校实训基地和产业学院构建，并以跨境电商人才培养为例，探讨高职院校人才培养实践路径。

邓志新

2022 年 2 月 1 日

目　录

理论篇

实践篇

理论篇

第一章　职业教育校企合作模式研究

第一节　职业教育校企合作模式探索

《国家高等职业教育发展规划（2010—2015年）》指出，加快推进校企合作机制体制创新，以促进校企"合作办学、合作育人、合作就业、合作发展"目标的实现，不断增强高等职业教育活力，提升办学质量，提高服务经济社会的能力。过去的校企合作，是一般意义上的校企合作，是单纯以学校为主体，如派出的学生到企业进行实习性的培训和企业借助于学校某些方面的资源和条件进行某种程度的合作，而现在的"四合作"目标要求企业进入学校办学、深入学校办学、企业自身办学、配合学校自身办学，这种形式的校企合作，比过去的校企合作深化了许多，是一个革命性的转变。

校企合作与职业教育密不可分，职业教育的目标是培养高技能人才，因此必须要通过校企合作来实现，校企合作做得越好，职业教育的效果就越好。职业教育的途径如下：首先，学校根据市场和企业的需求制定教学大纲和课程设计；其次，学生在学校进行理论学习和仿真实训，培养专业技能；再次，学生进入企业，进行真实实训，使学生具备真正的职业技能；最后，学生进入企业就业。这四个环节缺一不可，每一个环节都需要学校和企业密切配合，共同完成，因此校企合作在职业教育中非常重要，是职业教育能否培养优秀人才的关键所在。

由于我国职业教育校企合作还处于起步阶段，许多高职院校的校企合作采用的模式较为单一，这种合作离真正意义上的校企合作还有较大的差距。真正意义上的校企合作是学校和企业共同参与，互惠互利，发挥各自优势，资源共享，共守协议，建立长期稳定的合作关系。笔者通过分析和比较我国高职校企合作的主要模式，认为不同的专业要根据自身的特点来选择适合本专业的校企合作模式，从而实现培养高技能人才的目标。

一、我国高职校企合作的主要模式

1. "订单式"人才培养模式

所谓"订单式"人才培养模式，是指作为培养方的高职院校与作为用人方的企事业单位针对社会和市场需求共同制订人才培养计划，签订用人订单，并在师资、技术、办学条件等方面合作，通过"工学交替"的方式分别在学校和用人单位进行教学，学生毕业后直接到用人单位就业的一种人才培养模式。

"订单式"人才培养模式，不仅有利于整合社会优质教育资源，充分发挥高职院校服务地方经济建设的功能，而且还可以极大地调动学校、学生和企业的积极性，因材施教，提高人才培养的针对性和实用性，实现学校、企业和学生的"三赢"。对学校来说，保证了学校在人才培养时有的放矢，针对用人单位需求和实际岗位需要，调整专业和课程设置，调整教学内容和教学方法，培养职业技能，保证学生的就业；对学生来说，"订单式"人才培养模式使学生学习目标明确，增强了学习的积极性和针对性，提高了学习效率，也不太需要为就业花费过多精力；对企业来说，能够保证人才培养的优质高效，使学生能够很快适用工作岗位，为企业的人力资源提供了充足的补给。

"订单式"人才培养模式的局限性在于，由于受"订单"的约束，容易造成学生知识结构上的狭窄和单一，影响其进一步深造和发展；同时会使学校在教学建设和学生培养手段等方面具有一定的短期性，影响教育资源效益的全面提升；此外，对企业的人才需求规模要求高，能进行订单培养的企业不多。

2."2+1"人才培养模式

"2+1"人才培养模式是指三年教学两年在学校，一年在企业。校内教学，以理论课为主，辅之以实验、实训等实践性教学环节；学生在企业的一年以顶岗实习为主，同时学习部分专业课，结合实习经历选择毕业设计题目，在学校、企业指导教师的共同指导下完成毕业设计。"2+1"人才培养模式强调的是对学生综合素质、动力能力和解决实际问题能力的培养。其实质是由校企两个育人主体在校企两个育人环境中培育学生做人、做事的本领，目的是使高等职业教育培养的人才能够满足市场的需要。

"2+1"人才培养模式的局限性在于，学校很难帮助学生联系到合适的企业接纳这么多学生，学生自己也很难找到合适的实习岗位，为学生提供顶岗实习的单位也很少，起不到预期的效果。

3."工学交替"人才培养模式

"工学交替"人才培养模式是一种学校与企业共同制订人才培养方案，学生到企业生产实践与在学校学习相互交替、学用紧密结合的合作教育模式。学校和企业共同制订教学方案和教学计划，第一学期到企业实习，由企业负责学生的入学教育与专业、思想教育，学生通过轮岗学习，了解现代企业的管理和生产技术，了解企业员工的职业素质和能力要求，感受企业文化；第二、四、五学期学生在学校进行基础理论与专业知识、技术技能的学习；第三学期又到企业进行顶岗参加生产实践；第六学期则独立上岗并完成毕业实习和毕业设计。学校在保证专业需要的基础上，以实践教学为中心，以就业为导向，以职业素质和技术应用能力培养为核心，改革课程结构和教学内容。"工学交替"人才培养模式是一种企业全面参与，突出实践教学，重在培养学生职业素质、职业能力，学用紧密结合的合作教育模式。

"工学交替"人才培养模式最大的优点是边实践边学习，这样在实践中遇到的问题可以通过理论学习来解决，提高了学生学习的积极性和针对性，在理论学习中学到的知识可以通过实践来强化加深印象，能收到较好的学习效果。本模式的局限性在于，对参与"工学交替"人才培养模式合作的企业要求较高，一般需要具备以下条件：生产规模较大，生产技术能代表国内某一行业的先进水平；企业高层管理人员对高职教育有比较全面的认识；企业对高技能人才有较高的要求。

4."企业学院"人才培养模式

"企业学院"人才培养模式是以企业为主的合作办学模式，是为了满足人才市场对某一行业人才的需要，学校与在人、财、物具有优势的某一企业合作办学，学校由企业管理，共同培养国家和社会发展需要的特定行业应用型专业人才的一种办学模式。企业学院可以是非独立法人合作型，也可以是独立法人合作型。

这种模式对企业要求较高：首先，要具有雄厚的经济实力，能够为学校提供经费支持。其次，具有较多的无形资源，在社会或某一行业具有较高的地位和影响，可以整合某一行业资源，凝聚行业优势弥补高校办学条件的不足。第三，企业对行业的业务及运行规律非常熟悉，对教学规律有一定的了解，对办学有很强的责任心，使学生通过学习能熟练掌握该行业的专业技能，毕业就能胜任工作岗位的要求。企业可以在办学过程中提高知名度和美誉度，提高了无形资产和企业价值。

5. 全方位合作教育模式

所谓"全方位合作教育模式"是指政府、学校和企业在合作教育中都要投入必须的人力、物力、财力，对合作教育项目负有相应的教育管理责任，合力提升教育教学质量，实现"多赢"的合作教育模式。

全方位合作教育最大的特点是有政府的参与，政府在全方位合作教育中扮演多重角色，政府可以是领导者，站在战略的高度，促进高等职业教育的发展，培养高技能人才，满足市场需求，促进产业发展，服务社会，从而形成多赢的局面；政府也可以是参与方，投入自身的资源，参与合作；政府同时也是中介方，通过提供政策支持和经济补贴等措施来促进学校和企业的合作，从中起到催化剂的作用。

全方位合作教育需要合作方共同努力，整合优势资源，实现"多赢"的局面，因此全方位合作教育的条件要求是最高的，不但合作方要有共同的合作教育理念，而且要有彼此合作的利益点。此外，还需要具有较为完善的校外实训基地，具有双师型的教学力量，更重要的是要有教育教学资金保障，才能使合作教育进行下去。

二、我国高职校企合作模式的比较

我国高职校企合作的模式主要有以上五种，每一种都有其自身的特征和一些特殊的要求，通过下表做一个比较：

表1-1 我国高职校企合作模式比较

序号	校企合作模式	特征	特殊要求
1	"订单式"人才培养模式	1.校企双方签订用人及人才培养协议。 2.校企双方共同制订人才培养计划。 3.利用校企双方的教育资源，共同实施人才培养。 4.企业参与人才质量评估。 5.企业按照协议约定，落实学生就业。	对企业要求较高，企业要有较大的人才需求，而且要有能力为学生提供培训和实习机会。
2	"2+1"人才培养模式	1.人才培养的方向明确、目标明确、标准明确。 2.校企两个环境育人。 3.校企两个主体育人。 4.培养的学生综合素质高，走上工作岗位后上手快、适应期短，能很快进入角色。	对学生的要求较高，学生很难自己找到合适的岗位去实习，使顶岗实习难以达到预期的效果。
3	"工学交替"人才培养模式	1.先企业实践，后学校学习。 2.企业参与育人的全过程。 3.学生具有双重身份。 4.两个学习场所。	适用于专业知识和技术要求比较高，学生需要较长时间的企业实习才能掌握的应用技术专业。
4	"企业学院"人才培养模式	1.以企业为主，学校辅助管理。 2.学校与行业互动、教师与市场互动、学生与企业互动。 3.校企深度合作，重技能、重实践、双师型、双课堂、双基地、双证书教学。	对企业经济实力、无形资产要求和社会责任要求较高。
5	全方位合作教育模式	1.政府、学校和企业共同合作来培育人才。 2.从教育本身而言是双向输入优质资产，共同培育社会急需的技术型、应用型人才。 3.从国家社会而言是强强联手、优势互补，双向提供发展后劲，共同推进社会经济的高速发展，实现国家人才强国的战略思想。	对政府要求较高，从政府层面上促进校企合作，提供政策支持和经济补贴等措施，共同发展高等职业教育，培养高技能人才，满足市场需求，促进产业发展，服务社会，形成多赢的局面。

三、我国高职校企合作模式的选择

我国高等职业校企合作的模式主要有以上五种，每种模式都有自身的特点和优劣势，因此要根据学校的情况和专业的情况具体分析，来选择合适的校企合作模式。

"订单式"人才培养模式适合于专业技术专业，例如软件设计与开发专业，企业对人才的需求是量身定做的，企业自身有一些培训课程，同时也需要学生来参与，学生毕业后可以直接到企业就业，也可以去企业的客户那里就业，但是这种需求不是很大，因此"订单式"人才培养模式的规模不可能很大。

"2+1"人才培养模式适合于一些与社会紧密联系的经济管理、文秘和旅游专业，例如市场营销专业，通过2年的理论学习，必须要有1年的社会实践经验，把理论应用到实践中，从实践中总结经验，才能使学生具有高级职业技能。

"工学交替"人才培养模式适合于岗位要求比较高，学生需要较长时间企业实践才能胜任岗位工作的专业，比如机械制造、汽车维修等专业，需要通过到企业实践才能掌握一定的操作技能。

"企业学院"人才培养模式适合于设计行业，比如广告设计、服装设计、软件设计等专业，企业对这方面的人才需求较大，企业为了提高自身的知名度和承担一定的社会责任，愿意以自己的品牌来命名，从企业学院毕业的学生也能受到行业的欢迎。

全方位合作教育模式是一种较为理想的合作教育模式，适合于与一些大型国有企业进行合作，比如银行、石油企业、钢铁企业等，因为大型国有企业，更有利于提供一定的人力、物力和财力来培育人才，服务社会。

第二节 校企合作模式的国际比较

"校企合作""工学结合""产学研合作教育""实践教学"这些概念的本质,就是把高职教育与工作岗位需求紧密结合起来,通过学校和企业两方面的学习,培养学生的职业技能,让学生毕业后能尽快适应岗位,为社会培养高技能人才。

校企合作的内涵可以概括为:是一种以培养学生的全面素质、综合能力和就业竞争力为重点,利用学校和企业两种不同的教育环境和教育资源,采取课堂教学与学生参加实际工作有机结合,来培养适合企业需要的应用型人才的教育模式。它的基本原则是学校和企业双向合作、双向参与,实施的途径和方法是工学结合、顶岗实习,要达到的目标是提高学生全面素质,适应市场经济发展对人才的需要。

一、美国校企合作模式的特点

1906 年,美国的辛辛那提大学首次推出一项新的教育计划:一部分专业和一些教育项目的学生一年中必须有 1/4 的时间到与自己专业对口的公司或企业等单位去实习,以获得必要的知识。这种把课堂教学与工作实践相结合的教育方式,当时被称为"合作教育"。美国的合作教育表现出以下特征:

1. 确立合作教育专业

确立具体的合作教育项目是美国办合作教育的第一步。各高等院校通过调查研究,寻找合作伙伴,根据合作需求并结合本校的实际选择开设合作教育专业。经过充分论证，正式确立项目，把这些专业项目列入学校教学大纲和招生计划，公布于众，让学生选择。美国高等院校合作教育的专业几乎覆盖了所有的学科领域，十分全面。

2. 学校、企业、学生三方沟通协调

每所合作教育学校均设有合作教育部。合作教育部主要由两类人员组成：一类是有职称和教学经验的教师；另一类是与社会有广泛联系，对合作教育有献身精神的工作人员，即项目协调人。这些项目协调人不但了解学校的专业设置、课程安排和教学情况，而且熟悉社会用人情况，与公司、企业等有广泛而密切的联系。学校的合作教育项目全靠这批人统筹安排和协调组织。对外，项目协调人代表学校与用人单位联系、谈判和签约，把用人单位组织进学校的某一合作教育项目里来；对内，他们是学生的顾问和辅导员，指导学生根据个人的爱好特长、学校开设的专业和社会劳动力市场情况选择专业，确定方向，安排他们外出实习。项目协调人有条不紊地安排学生的课堂教学和教学实习，解决学生在学习和工作中出现的各种实际问题，保证合同项目顺利进行。他们还经常帮助学生整理个人简历、改进与雇主会面谈话的技巧；介绍工作单位对学生的具体要求，讲明实习的目的任务和学校要求。学生上岗后，项目协调人会经常去监督和指导，征求工作单位对学生的意见，不断改进学生、学校和工作单位三者之间的合作关系。

3. 评判合作教育的效果

合作教育项目要求学生在完成一段时间的实习任务后写出工作实践的详细总结。各接收学生的单位也要写出对学生表现的鉴定意见。学生返校后，项目协调人要从学业和实践两方面对每一学生做出全面评价以确定该生这一段接受的合作教育是否合格、成功。

4. 边学边干

美国高等院校里的合作教育项目形式和学制因地制宜，灵活多样，各具特色。学制有两年制、四年制、五年制，长短不一，但是都体现了边学边干的特点。比如，在两年制的初级学院或社区学院里，合作教育项目学生一般半天在校学习，半天在学院附近专业对口的单位工作；四年制的合作教育项目要求学生在校期间有三个学期或两年的时间从事与专业对口的实际工作。每次停课外出实习的时间是根据学业进展情况和条件成熟与否适时、分段、有机地穿插安排的。边学边干是美国校企合作的一大特色，学习与实习相穿插，可以起到相互促进的作用，使学生不但可以学以致用，而且能够发现实习中的问题，提高学习和实践能力。

二、澳大利亚校企合作模式的特点

澳大利亚的合作教育体现为 TAFE 教育，TAFE 教育是 Technical and Further Education 的缩写，即技术与继续教育，是以职业教育与培训为主的教育，是建立在明确的企业职业岗位需求基础上的教育，是"为职业"的教育或以就业为导向的教育。TAFE 教育是真正的职业教育，学生毕业后可直接上岗，而不再需要其他就业准备或培训，其表现出以下特征：

1.TAFE 教育与企业紧密结合，企业参与 TAFE 学院办学的全过程

TAFE 教育的内容和标准由企业制定，学校负责培训和实施，完全是为企业培养职业岗位所需要的人才。企业参与 TAFE 学院办学的全过程主要体现在：制定办学操作规范，直接参与学校管理，支持实训基地建设，负责教学质量评估等。由于企业主导，使 TAFE 学院的教育更加

贴近企业实际，有利于培养出与企业需求相适应的人才，使企业从中受益。企业发展离不开 TAFE 教育，TAFE 教育也离不开企业，你中有我，我中有你，形成良性循环。这种教育与企业相互依存、相互支持、共同发展的模式，从以传授知识为中心转到了以培养实际工作能力为中心，这对我国的高职高专教育改革很有借鉴意义。

2.TAFE 教育与职业资格证书紧密结合

也就是说 TAFE 学院的学历文凭对应明确岗位技能要求的职业资格证书，国家规定职业资格证书是就业上岗的必备条件。

3. 资金来源具有激励性

TAFE 学院并不是无条件得到政府资助，学校必须与政府签订合同，为某些企业提供一定时间的教育，政府和企业为学校提供一定的资助，而学校必须自己挣得一部分资金。比方说一个 380 万元的合同，规定有180 万元必须由学校工厂挣得，若达不到这个要求，学校就必须将一部分资金退还给政府和企业。

4. 注重培养双师型教师

TAFE 学院教师队伍是一支真正的双师型队伍，为培养实用型应用人才提供了强有力的保证。TAFE 学院聘用教师的条件是：专职教师必须有 4 级技能等级证书，4—5 年的实践经验或企业工作经历；兼职教师必须有 1 年的实践经验，并具备教育学学士学位；没有教学经验者上岗前要接受培训，对教学效果不好的教师要强行进行培训。每个教师每年都要接受培训，学院每年会公布全年的教师培训计划，教师可根据自己的实际情况自由选择。

三、德国校企合作模式的特点

德国职业教育的一大特色是实行"双元制"，即公立的职业学校为"一元"，在企业里接受职业技能培训为另"一元"，将企业与学校、理论与实践技能紧密结合起来，产学研结合贯彻在高等职业教育的全过程中，具体表现出以下特征：

1. 服务于企业的招生

进入职业学院的学生必须先与企业签订合同，以企业"准员工"的身份接受职业学院的教育。学生与企业签订了合同，即可享受企业每月1000~2000马克的经济补贴。有些州的职业学院要收取学费，但其费用的90%由企业承担。学员与企业签订合同，不仅消除了学生经费上的后顾之忧，而且毕业时的就业问题也基本得到了解决。德国高等教育的毛入学率达到36%，但要上职业学院却不容易，有的地方每25名中学毕业生中仅有一名被企业选中，因为职业学院有企业资助，竞争相当激烈，这样就保证了新生的高素质。

2. 企业与学校共同完成专业建设

德国高等职业教育的培养目标非常明确，都是培养应用型人才，特别是职业学院，为特定的企业培养"专用人才"。为达到这一培养目标，学校的专业建设工作都是由企业直接参与和学校共同完成的。每个专业都成立专业委员会，其成员主要由企业和学校的代表构成，负责本专业教学计划的制订、实施、检查和调整，即学校的课程设置、实验安排、实训实习次数及时间的确定、考试的组织和毕业论文的要求等都是学校和企业共同研究制定的，因而所培养的学生很有针对性，不至于产生学用脱节的现象，学生毕业后可以直接上岗，不需要长时间的工作适应。

3. 企业和学校联合进行考试

学生的学业要在学校和企业完成,学生学业成绩及技能水平的考核鉴定也由学校和企业联合进行。基础理论课程的考试一般由学校组织。学生企业培训期间,其实习成绩的考核与评定工作由企业负责,考试的内容、形式和时间都由企业指导老师确定。毕业论文的内容必须从企业实际出发,企业教师作为学生的第一指导教师,学校教师作为学生的第二指导教师,毕业论文的答辩及成绩的评定,由企业和学校联合组织进行。

4. 企业提供办学经费

除了政府财政拨款,来自企业的教学、科研合作经费也是德国职业学院的经费来源之一。有些州的职业学院的办学经费主要来自于企业,政府几乎没有拨款。企业为培养一名职业学院学生要花费 5~8 万马克,但企业仍把职业学院培养途径看作是一种费用优惠的获取人才的措施。正是有了企业的鼎力相助,德国高等职业教育的发展才兴旺发达。

四、英国校企合作模式的特点

英国的校企合作模式,要求学生在校学习期间有很长一段时间到企业去参加实际工作,形式上有点像两块面包中间夹一块肉的"三明治",因此被称为"三明治"教育。这种校企合作模式的特点是:

(1)在培养目标上利用学校和企业两种不同的教育环境和教育资源培养适合企业需要的应用型人才,将课堂上的学习和工作中的学习结合起来,学生将理论应用于实践中,然后将在工作中遇到的挑战和见识带回学校,促进学校的教与学生的学。

(2)工作训练成为学校教学活动的重要组成部分。首先是保证工作时间。英国规定三年制学生工作时间不能少于12个月，四年制学生工作时间不能少于18个月。其次是保证学习和工作的一致性。学生工作要与其学业目标相联系，并且在工作期间逐步承担更重要的工作，从而排除了学生自发出去打工而从事较低层次或与学业无关的工作等问题；学生在工作中由企业进行日常管理并做出考核，从而保证了工作与考核有机结合。再次是学生在学期内的工作也被授予学分，并成为获取学位的必要条件。

（3）学生进行的是有薪的工作，不同于过去学校派学生到企业实习那种只能旁观不能动手的方式。

（4）政府强化企业在职业技术教育中的作用，如英国为了使企业在地方的职业教育中发挥重要作用，成立了80多个"培训和企业协会"，专门协调学校和企业关系。

（5）学校在给学生安排工作时主动适应企业的需要，尽可能考虑企业的要求，使企业接收学员工作成为其训练职工和选择新职工的人力资源事业的一部分。

五、各国校企合作模式对我国的启示

美国的合作教育、澳大利亚的TAFE教育、德国的"二元制"教育、英国的"三明治"教育之所以成功，笔者认为主要归功于以下几点，给我国正在发展的职业教育以借鉴。

从宏观方面来说，为了促进我国职业教育的发展，学校和企业需要共同努力，让学校和企业在校企合作中实现资源互补，共同发展。

1.学校和企业紧密联系，共同参与

学校是人才输出者，企业是人才接收者。学校与企业联系越紧密，

越能培养出企业所需要的人才，促进企业的发展，企业也愿意与学校合作，参与教学，共同培养人才。一方面，学校要根据企业需求来培养人才，只有这样，学校培养的人才毕业后才能马上就业，这方面可以参考澳大利亚 TAFE 教育的做法，TAFE 教育的内容和标准由企业制定，学校负责培训和实施，完全是为企业培养职业岗位所需要的人才。另一方面，企业可参与职业学院办学的全过程，如制定办学操作规范，直接参与学校管理，支持实训基地建设，负责教学质量评估，等等。德国的高等职业教育就有专职教师和企业的工程技术人员、管理人员共同参与实施。学校和企业应融为一体，企业发展离不开职业教育，职业教育也离不开企业，你中有我，我中有你。

2. 学校和企业发挥各自优势，资源共享，相互促进

学校的优势在于提供智力支持，为企业提供优秀的人才，当然有些有科研能力的学校也可以为企业开发新产品，为公司的经营献计献策。而企业的优势在于有丰富的市场经验，可以为学生提供真实的工作环境，可以为职业学院的专业建设、课程开发、实训室的建设提供建议，促进教学改革。学校和企业只有联手起来，发挥各自优势，资源共享，才能培养出优秀的人才，获得双赢的局面。

3. 互惠互利，共守协议，建立长期稳定的校企合作关系

学校和企业双方应建立权利和义务对等的协议，建立旨在推进校企合作的一系列制度，只有双方共同遵守这些协议和制度，校企合作才能在平稳中推进。学校通过校企合作培养了优秀的人才，企业通过校企合作获得了优秀的人才，互惠互利，服务社会，从而建立长期稳定的关系。

4. 建立协调学校和企业关系的机构

校内可以建立如美国模式的合作教育部，校外可以建立如英国模式的"培训和企业协会"，沟通和协调学校与企业的关系。国外职业教育的发展，这些机构都发挥了重要的作用，这一方面值得我国借鉴。

从微观方面来说，学校应该在校企合作中发挥主要作用。学校的任务是培养人才，服务社会，因此，除了在宏观层面上做出努力外，还应该从自身努力，从以下几个方面改革。

（1）在生源方面，应该服务于企业的招生

企业可以为学生提供奖学金或与企业签订就业合同，以企业"准员工"的身份接受职业学院的教育，毕业后进入该企业工作。采取奖学金制度以及就业方面的支持，会吸引优秀的学生来报考，这样就可以保证生源的质量。

（2）在师资方面，注重双师型教师的录用和培养

我国职业教育师资相对学历深度足够，实践经验不足。国外的职业教育都很注重双师型教师的培养，如 TAFE 学院聘用教师的条件是：专职教师必须有 4 级技能等级证书，4—5 年的实践经验或企业工作经历；兼职教师必须有 1 年的实践经验，并具备教育学学士学位；没有教学经验者上岗前要接受培训，对教学效果不好的教师要强行进行培训。又如德国职业学院专职教师很少，教学工作特别是专业类、实践类课程的教学主要由兼职教师承担，兼职教师绝大多数来自企业，他们不仅有扎实的专业知识，丰富的实践经验，而且能把企业的生产、经营、管理及技术改进等方面的最新情况与学生所学的内容紧密、及时地结合起来，真正体现理论联系实际，让学生学以致用。从学生的反馈来看，来自企业第一线的教师往往最受学生欢迎。德国职业学院的专职教师也要有从事教学和指导学生实践的双重能力，凡要成为专职教师，不但要有博士学位，还要有至少 5 年的工作经验。此外，每隔一段时间每位教师还要

到企业去了解、研究企业最新发展动态。因此，只有建立一支真正的双师型队伍，才能为培养实用型人才提供强有力的保证。

（3）在学期的设置方面，应更加体现工学结合

我国职业教育学制的设置一般为三年，第一和第二年在学校进行理论课程的学习，第三年进行顶岗实习和毕业实习。这种安排，实习过于集中，实习中发现的问题很难再通过学校的系统学习来弥补，参照国外的经验，实习与学习最好能交叉进行，边学边干，相互促进。

（4）在课程设置方面，减少纯理论课的比例，提高实操型课程的比例，课程设置应该与职业资格证书紧密相关。

职业教育主要培养应用型人才，培养职业技能，因此，在课程设置方面，应该多开设与职业岗位相关的实践课程，使学生毕业后直接就能走上工作岗位，而不需要额外的培训。同时，职业教育应该与职业资格证书紧密相关，也就是说职业教育的学历文凭对应明确岗位技能要求的职业资格证书，而职业资格证书是就业上岗的必备条件，比如国际贸易专业就可以要求学生考取外销员证书和国际商务单证员等相关的证书作为毕业的前提条件，报关与国际货运专业就要求考取报关员证书和国际货代员证书等相关证书，这样，学生就会很有目标和方向地学习。

第二章　行业协会参与职业教育模式研究

第一节　行业协会参与职业教育校企合作的模式探索

2015 年 10 月 19 日，教育部教职成〔2015〕9 号文件印发了《高等职业教育创新发展行动计划（2015—2018 年）》（以下简称《行动计划》），在《行动计划》中提到鼓励行业参与职业教育，支持行业加强对本行业高等职业院校的规划与指导，鼓励行业职业教育教学指导委员会在指导专业和课程改革、加强师资队伍培训和推进校企合作、开展教学评价等方面发挥作用，推动建立行业人力资源需求预测、就业形势分析和专业预警定期发布制度，办好全国职业院校技能大赛。职业教育的发展离不开行业的指导，《行动计划》一方面强调行业教学指导委员会的功能和作用，一方面通过组建职业教育集团来加强学校和行业企业的联系不管是行业指导委员会还是职业教育集团，行业协会都是其中的主要成员，而且还是沟通企业和学校的桥梁和纽带，因此研究行业协会参与职业教育校企合作的模式非常必要。

一、行业协会参与职业教育的模式分析

职业教育必须紧密联系行业企业。德国的"双元制"突出的特点就是行业协会组织和企业广泛参与，最大限度地融合学校教育资源和企业培训资源，强化理论与实践结合，实现共同培养高素质技术技能人才。德国行业协会的一个重要职能就是发展职业教育，行业协会以发展

职业教育为己任。德国《职业教育法》明确规定，每个行业协会都应设立一个职业教育委员会，作为专门决策机构；设立专门的企业培训咨询部门，对企业参与职业教育进行指导监督，对参与职业教育的企业资格进行遴选，只有 1/3 的企业有资格成为职业教育合作者。在澳大利亚的 TAFE 教育体系中，也是以行业协会为主导的职业教育模式。行业协会广泛参与职业教育，参与职业教育发展中重大问题的研究和决策，参与确定职业教育的培养目标，制定各行业的能力标准和操作规范，参与职业教育专业设置、教学计划制订以及课程安排等，帮助学校建立实训基地，参与学校的建设和管理，与学校和企业共同决定办学方向，进行办学质量评估，为学校提供兼职专业教师，接纳学生学习，等等。

1."校会企"三元共生模式

浙江金融职业技术学院的"校会企"三元共生模式值得我们借鉴和推广。"学校"广义上指的是学校、系、专业和教师；"会"广义上指的是行业协会、有企业参与的其他社会团体；"企"指的是会员企业。"校会企"三元共生模式有三层关系：校会共生，学校加入协会，共同发展；校企共生，学校与会员企业共同发展；企会共生，企业发展越好，协会发展越稳定。校会合作带动校企发展，校企合作促进企会共赢。如下图所示，校会企的动力机制是：以市场为导向，以行业为依托，以会员为基础，以协会为纽带，以专业为中心，这是一个三轮驱动的模式，也是稳定的三脚架模式。这个模式告诉我们，学校可以通过加入行业协会成为会员企业，来发展校企合作，这是一个较好的途径，也是学校寻找企业合作对象的一个突破口，比如说物流专业可以加入物流协会，电子商务专业可以加入电子商务协会，国际贸易专业可以加入国际贸易学会等，通过行业协会与企业展开合作，学校和企业就可以资源共享，互利互惠。

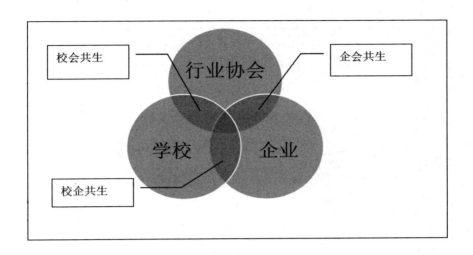

图 2-1 "校会企"三元共生模式

2. 行业学院模式

借助成为骨干校的契机,深圳信息职业技术学院电子商务专业群与深圳市电子商务协会组建的利益共同体——电子商务行业学院,已成为深圳市电子商务协会副会长单位、人力资源委员会主席单位、龙岗服务中心、电子商务运营师等职能和项目实施的有效载体,为完成体制机制创新、提升专业办学水平和质量打下了良好的基础,这种模式也可以借鉴和推广。

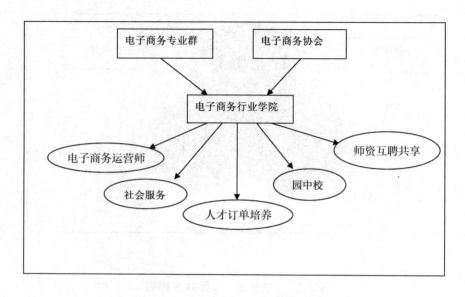

图 2-2 电子商务行业学院模式

（1）电子商务运营师项目。在行业学院的框架下，与协会签订了"电子商务运营师职业专项技能证书资源建设合作协议书"，联合开发深圳市人力资源和社会保障局的"电子商务运营"专项职业能力鉴定和协会认证项目资源，本院项目组主要负责制定职业资格考核大纲、培训教材编写、考试题库建设、认证实践环节的教学与考核等，对企业职工开展培训认证，社会服务能力与水平有很大的提升。

（2）社会服务项目。承建协会的"龙岗服务中心"，开展社会服务活动。连续三年派出学生在市民中心会议厅承担"中国电子商务建设与发展高峰论坛"会务服务；组织学生连续三年参加电商大型购物节体验活动，有力地支援了合作办学单位的业务拓展。

（3）人才订单培养项目。依托行业学院，进行行业人才订单培养，满足企业细分需求，符合各方的利益。深圳地区中小企业占绝大多数，对电子商务人才的需求具有分散性和个性化等特点。行业学院企业联络部通过与电商协会秘书处合作，将各会员单位分散的人才需求订单汇总成行业订单；然后由项目管理部、企业培训部与企业协商研究，分层次、分岗位组织人才订单培养。每个订单班可以满足一个或多个企业单位的人才需求，从而实现人才共育共管、过程共管、成果共享、互利多赢。企业通过订单培养为自己"量身定做"人才，节省了电商人才的招聘和培训成本，为企业的发展提供了人力资源保障。行业协会履行了职责，扩大了影响，也能在电商运营紧缺人才推荐就业等方面获得企业更多的经费支持。

（4）"园中校"项目。在电子商务产业园设立的两个行业学院产业园校区，为教师企业实践、学生管理、企业培训及社会服务等提供了有力的支持。

（5）师资互聘共享。共享协会的专家库人才、企业业务骨干和学校师资。学校可以聘请行业企业人才充实兼职教师人才库。同时，行业企业也可以聘请学校专任教师，校企联合进行项目研究、订单培养、培训服务等工作。

3. 行业职业教育教学指导委员会（以下简称"行指委"）模式

行指委是受教育部委托，由行业主管部门或行业组织牵头组建和管理，对相关行业职业教育教学工作进行研究、咨询、指导和服务的专家组织，同时也是指导本行业职业教育与培训工作的专家组织。如下图所示，行指委从宏观、中观和微观三个方面指导职业教育：

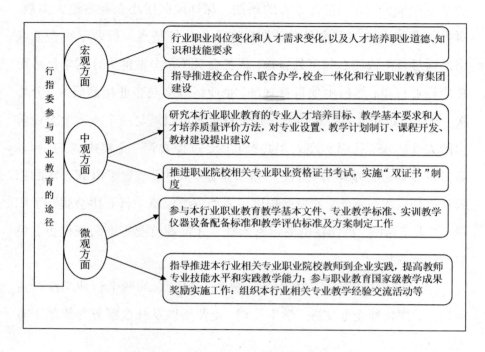

图 2-3　行业职业教育教学指导委员会模式

行指委模式企业成员太少,大多是学校成员,并不能完全反映企业的需求和心声,因此需要改革。可以加入行业中有影响力的企业成员,以行业企业用人标准为依据,通过结果评价、结论排名、建议反馈的形式,倒逼职业院校专业改革与建设。

4. 职业教育集团模式

职业教育集团是行业协会参与职业教育的又一种重要形式。职业教育集团是企业、院校、科研机构、行业协会、其他社会组织的交流平台,需要政府、学校、行业协会和企业多方联动才能发挥作用,培养高技能高技术人才。但是在职业教育集团内,各方的利益不一致,比如企业和学校的价值追求、目标不一致,企业追求经济效益,学校则要提高人才培养的质量，在目标相左的时候，企业和学校之间需要大量的沟通、协调和谈判，政府需要通过购买服务的方式，设立去行政化的中间组织，通过行业协会从中协调、指导，平衡各方利益。

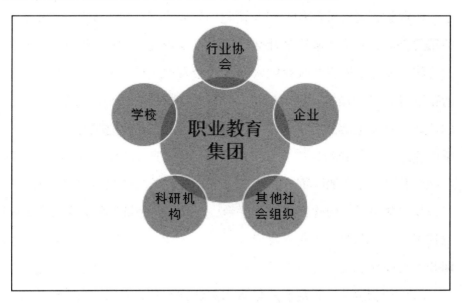

图 2-4　职业教育集团模式

职业教育集团中最重要的成员是行业企业，需要行业企业来推进办学模式、培养模式、教学模式、评价模式改革，促进产业链、岗位链、教学链深度融合，随着产业发展动态调整专业设置，不断适应经济社会对技术技能人才结构、规格和质量的要求，鼓励行业协会、中央企业和行业龙头企业、职业院校，围绕行业人才需求，组建行业型职业教育集团。

二、行业协会参与职业教育校企合作的建议

行业协会参与职业教育校企合作，除了需要行业协会自身改革的努力外，还需要政府层面、法律层面、管理机制层面、资金层面和制度层面多方面的通力合作：

1. 政府层面上，重视职业教育，将职业教育纳入经济社会发展整体战略

职业教育是产业结构升级与调整的重要支撑，是经济发展方式转型的重要基石，也是区域经济社会发展的重要依托。因此，必须提升职业教育统筹水平，将职业教育纳入经济社会发展整体规划。首先，国家当前正在进行产业结构调整和升级，需要大量的高素质技术技能人才，而职业教育就是培养这种人才的最佳途径，因此，应该把职业教育纳入国家产业结构调整和新兴产业发展规划中，用技能人才发展战略支撑产业升级。其次，每个地区都有自己的支柱产业，可以将职业教育纳入区域经济发展规划中，构建校企合作平台，大力培养区域经济发展需要的职业技术人才。最后，职业教育应该延续至企业，企业应承担职业技能培训和参与职业教育的社会责任。

2. 法律层面上，制定职业教育相关法律法规，构建校企合作健康发展的制度环境

通过政策制度体系的构建，逐步明晰政、行、企、校各方主体在校企合作中的权责利，构建各方利益主体积极参与的校企合作政策制度环境。

3. 管理机制层面上，构建行业企业积极参与的利益协调机制

构建行业企业全面深入参与职业教育的校企合作机制，是行业企业参与职业教育的重要保障。由于参与校企合作各方的利益诉求不同，因此需要协调各方利益，通过博弈矩阵模型，从而达到一个最优的局面。为了提升行业企业参与力度，我国积极构建了职业教育联席会制度、行业教学指导委员会、专业建设委员会、职教集团等不同层次、不同形式的行业企业参与职业教育的组织机构。但由于缺乏统筹规划，各机构之间缺乏整体的设计与联系，加上行业组织自身能力不足，导致行业企业的作用并没有得到有效发挥。因此，要通过构建利益协调机制，充分发挥行业企业在职业教育中的作用，实现教学链和产业链的有效对接，形成立体化的、多层次的行业企业参与职业教育的机制，让行业企业在职业教育中发挥实质性作用。

4. 资金层面上，鼓励和提倡设立校企合作基金

行业企业是利润主体，从企业角度来看，成本是制约行业企业参与职业教育的重要原因。没有经济保障，我国的行业协会很难客观地去参与职业教育。从国外经验看，通过税收减免、专项资助、专项基金等经济工具有效地激发了行业企业参与校企合作的积极性。当前我国面对职业教育的快速发展，可建立校企合作基金，为企业参与职业教育提供经济保障。校企合作基金可以通过政府补贴、社会捐赠、企业培训基金归集等方式多渠道筹集，行业协会也可以通过培训筹资，但是所筹资金必须用于公益事业，行业协会可以管理这部分基金。一方面用于职业教育项目，比如鼓励企业的专家参与制定专业标准和课程标准，鼓励学校的教授参与企业技术研发；另一方面用于奖励校企合作中的优秀企业，管理和监督企业履行职业教育责任。这样，校企合作才可以持续地进行下去。

5. 制度层面上，推行职业资格制度，建立职业资格体系，并由行业协会来实施

相关管理部门应发挥政策调控和宏观监督的作用，构建完善的职业资格质量标准、质量监控和评价机制，提高职业资格证书的含金量和公信度。由企业和行业协会直接参与职业资格的标准制定，拥有职业资格

的鉴定权，行业协会要避免利用职业资格证书的培训和考试来盈利，而是应该严格把控职业资格证书的标准。

第二节 OBE 理念下行业协会参与职业教育的模式创新——行业学院的构建

2017 年 12 月，国务院办公厅印发《关于深化产教融合的若干意见》强调：要强化行业协调指导，规范发展市场服务组织，打造信息服务平台，健全社会第三方评价，促进产教供需双向对接。行业协会在职业教育中是连接企业和学校的纽带和校企双方沟通的桥梁，产教融合离不开行业协会这个桥梁和纽带。职业教育办得好的国家，行业协会在职业教育中都发挥了非常重要的作用。行业协会参与职业教育具有其必然性，并将逐步发展为指导我国职业教育发展的重要力量，因此改革行业协会参与职业教育的模式迫在眉睫。

人才的需求方为企业，人才的供应方为学校，而行业协会则是连接两者的桥梁，使两者的合作与沟通得以实现。所以行业协会若想获得企业与学校双方的一致认可，很有必要在新的教育理念下进行模式创新，以便更好地指导我国职业教育的发展。

OBE（Outcome-Based Education）理念又称为成果导向教育，是应用于职业教育领域的著名理论，围绕预期学习产出，对教育的结构模式进行组织、实施与评价，突出教育是培养、训练与创新能力的一个过程，该过程以成果为导向，以学生为中心，指导人才培养方案改进，以确保其持续优化。在职业教育的改革过程中，我们需要把 OBE 理念运用到职业教育的实践中，探讨成果导向教育与职业教育的关系，利用 OBE 理念指导中国职业教育的发展。本书把 OBE 理念运用到职业教育的产教融合中，把 OBE 理念引入行业协会参与职业教育中，旨在创新行业协会参与职业教育的模式，充分发挥行业协会的作用，通过指导行业协会参与职业教育模式的研究，构建行业学院，从而实现职业教育的质量提升。

一、行业协会参与职业教育模式的研究综述

行业协会指某一专业/行业中的经营者在市场经济背景下自发形成的一种非官方组织。这类组织对本行业的运作规律、技术前沿以及人才需求等情况具有非常清楚的认识，故在职业教育发展中发挥了巨大作用。

行业协会参与职业教育的方式主要包括课程开发、校企合作、聘任兼职老师、职教改革、建设校外实践基地与职业资格证书认证等。郑根让（2006）从区域性行业协会的角度分析其同职业教育联合办学所具有的优势与合作内容，并指出具有参与广泛性、区域性和互惠性的优势，而合作内容则涵盖号召学生参与半工半读与勤工俭学、为中小企业培养人才队伍、为技术人员与教师搭建交流平台、创建员工培训基地等。黄才华（2008）等学者指出，行业协会不仅会对职业教育的课程设置、专业与教材的建设予以指导，还会参与行业从业人员资格标准与职业能力标准的制定，同时会及时为新工种与新职业制定相符的技术规范与职业标准，既能为职业学校的教学搭建帮助，又能推动职业教育教学改革。沈云慈（2010）提出，行业协会应充分利用其在信息掌握方面的优势，搭建公共信息平台，为校企合作搭建桥梁，为校企双方的合作贡献

力量，另外还需充分发挥行业协会的监督职能，确保所签订的合作协议能够顺利履行。吴雪萍（2010）在借鉴发达国家实施职业资格证书制度的经验后指出，行业协会应积极支持和指导学校设置职业资格考试专门机构，主要对职业资格考试进行培训与管理，并按照相关管理部门的规定，制定管理制度和切实可行的实施方案，加强对资格证书培训考试的质量监控和管理。

有关国外行业协会参与职业教育的研究还比较少，大多是研究国内行业协会而进行的对比分析。邓志军（2010）提到德国行业协会参与职业教育的途径有：参与职业教育的管理和决策、参与职业教育与培训机构的资格认证、参与职业教育培训管理和实施、参与职业教育教师管理及获取职业教育经费等。黄日强（2011）指出澳大利亚的行业协会在TAFE 学院的职业教育中发挥主导作用，这一主导作用具体表现在课程开发、TAFE 教育的证书制定、学校管理、职业资格标准的制定、教学过程和质量监控、培训包的开发等。邓佳楠（2014）专门研究了美国行业协会参与职业教育的模式和特点，结果发现美国行业协会有地方、洲与国家三个层次之分，各自通过自身影响力的发挥激起企业参与职业教育的兴趣，再通过影响政府态度与决策赢得政策支持，并通过制定行业标准来吸引企业积极参与职业教育。瑞士的行业协会十分发达，不少行业协会设有跨企业实训车间或培训基地，通常还会参与课程开发与课程标准制定，加上具有强大的经济实力支撑，行业协会承担培训中心一半的培训费用，还承担学生的实习费用。

通过对国内外相关文献的梳理及总结可以发现，各国普遍认同行业协会参与职业教育的重要性。笔者通过归纳行业协会参与职业教育的方式并借鉴国外行业协会参与职业教育的经验，认为构建行业学院是当前行业协会参与职业教育较好和行之有效的方式。

二、OBE 理念对传统职业教育的改变

OBE 理念以预期学习产出为中心，组织、实施和评价教育的结构模式，突出教育是培养、训练与创新能力的过程。该理论从 1981 年斯派迪创设以来，就受到国内外学者的高度重视，研究历程经历了由理论探讨到实践认证再到具体应用，研究方向上经历了宏观的人才培养教学理念向微观的具体课程发展，研究主体经历了创设理念、引进理念、继承理念的三大过程。OBE 理念是从供给侧进行改革，根据市场的需求变化来培养人才，促进教育链、人才链和产业链、创新链有机衔接。OBE 教育模式与传统的教育模式相比，实现了教育重心的转移，如下表所示：

表 2-1 传统教育模式与 OBE 教育模式的比较

OBE 教育模式	传统教育模式
注重教学结果	注重教学过程
注重教学产出	注重教学投入
注重个性化发展	注重整体教育
注重学生的理解能力、运用能力和创新能力	注重学生的记忆能力

OBE 教育模式的转变具有与时俱进的特征，是一种围绕学生和社会需求，以能力培养为重点，以个性发展为核心的教育模式，这种教育模式所认可的理念同职业教育所倡导的"培养高素质技术技能人才"的目标吻合，因此越来越被重视。OBE 理念其实就是"产出"理念，是连接职业教育和行业协会的纽带，是学校、行业企业、政府等职业教育主体互动的基点，正是基于共同"产出"的需要成为利益共同体，并且相互间的合作会随"产出"的实现而越发紧密，最后达到全方位融合。

OBE 教育理念是以学习成果为导向的一种教育理念,是职业教育改革的主流趋势,贯穿于教育所涉及的各个环节,使学生在学习过程中达到预期目标。在 OBE 教育系统里,教育者应对学生的学习成果有一个清楚的认识与预期,也就是应该明确学生毕业之后应该具备什么能力,并合理设计教育结构来确保这些教育目标能够顺利完成。这种教育模式是以学习者的产出(也就是学习成果)为动力的,与传统教育模式以教学内容与投入为驱动截然不同,所以说 OBE 教育模式是一种创新的教育模式,其教育方式及操作理念在培育应用型人才上将发挥巨大作用。OBE 教育理念基于学习成果来进行教学活动设计和制定相应的能力评价标准。由于应用型人才培养主要以提升技能为目的,以教育产出为驱动力,因此在 OBE 教育理念下,教师应该将学习成果作为教学目标导向,对学习内容进行优化,促使学习效率得到切实提升。

基于 OBE 理念来优化应用型人才的教学实践,不仅有助于提升教育质量,还有助于实现预期的学习效果。当前由于实践教学的不足使得学生的应变能力与动手能力较弱,应用型人才领域极度缺乏兼具理论与实践能力的综合型人才,弥补这一缺陷,就对完善教学方法与教学安排等提出了迫切要求。比如跨境电商人才的培养就是让学生通过跨境电商创新创业实训项目以及真实的店铺运营,提高店铺和产品的曝光率,从而获得订单,以成果为导向,让学生自主学习,独立解决实践过程中所遇到的问题,培养学生解决实际问题的能力,增强学生的实践动手能力。建立在 OBE 理念基础上的应用型人才培养理念对传统的教育理念进行了创新,注重学生能力的培养,以这种理念实施教育时,不仅有助于学生系统地学习相关理论与实践技能,还有助于提升学生独立处理问题的能力,从而全面提升学生的职业素质,既保障了教学质量,又培育出与市场及社会需求相符的应用型人才。

三、行业协会参与职业教育的模式创新

行业学院是适应行业发展需求变化而产生的，具有鲜明的行业特色。行业学院通过行业协会的桥梁作用，依托行业与骨干企业，围绕行业岗位标准，把行业技术标准及时融入应用型课程体系和教学内容中，突出学科优势，培养符合市场需求的人才。行业学院是学校借助行业协会这一桥梁与行业中的骨干企业进行合作，以行业生产链、技术链、产品链和服务链为对象，共同开展人才培养和科技服务的应用型专业学院。

1. 行业学院的"四共同"组织结构

行业学院是学校和行业企业共同组建、高度融合的模式，形成学校和行业企业的双主体，一方是学校的二级学院，一方是行业协会中的骨干企业。在行业学院中，双方的骨干人员共同组建治理机构，形成共同治理机制，行业企业作为治理方之一，不仅在人才培育和学院发展方向上具有发言权和决策权，而且具有建设的责任，直接参与行业学院的管理，主要表现为以下四个方面：

（1）双方共同制订人才培养方案

行业学院在制订人才培养方案中不仅引入行业标准，而且紧密结合行业对人才知识、素质和能力的需求，以学校现有的专业群为依托，构建行业特色鲜明的人才培养模式。在人才培养方案的制订过程中，在课程体系中引入行业标准，并系统调整专业培养方向、课程模式和具体行业课程等，形成与行业标准、市场需求相符的人才培养方案。

（2）共同组建教学团队

行业学院重点培养应用型人才，构建了校内外和专兼职结合的教学团队，学校教师主要负责基础理论教育，行业导师主要负责实践教学，将最新的专业知识传授给学生，让学生掌握最新的技术技能，从而实现零距离就业。学校教师通常很少长期处于生产一线，而行业导师正好有这方面的优势，在指导学生实训实习方面可以发挥更大的作用，两者相互补充，共同组建教学团队，从供给侧改革，提高人才培养的质量，以适应市场需求变化。

（3）共同推进教学管理改革

行业学院培养方案与传统学院不同，需要与行业一起，共同制订教学计划，并设计教学流程与教学管理措施。学期/制上，行业学院应尝试多学期、多元化教学，学生的学习在学校和企业交叉进行，这样有利于学生专业知识和实践技能的运用和巩固。在学分制方面，鼓励行业学院进行课程和学分灵活置换，可以单独建班，方便学生去企业学习。

（4）共同打造产学研基地

行业学院需要建设具有行业特色的实践基地，既服务于人才培养和教学改革，又服务于应用研究与创新需求。行业学院需寻求多层次、多元化与多样化的合作，在共建、共用和共管的基础上，促使产学研基地实现共同治理，形成共享与开放的长效管理机制，为学生的实习就业、实践教学及教师培训提供基地，同时也为行业的人才培养和项目研发提供支持。

2. 行业学院的"双主体"运行机制

行业学院是行业协会参与职业教育的模式创新，探索行业学院的运行机制尤为重要。行业学院是学校和行业双方高度融合的合作模式，共同建立，共担责任，学校和行业双方派遣骨干人员建立共同参与的组织机构，形成共同治理机制，这是行业学院与其他松散的校企合作模式最大的区别。在过去的校企合作中，通常学校担当主角，企业作为配角，企业的积极性和参与度不高，作用发挥并不明显。在行业学院中，学校和行业是双主体，行业作为重要的治理方，不但对学院的发展方向和人才培养等重大发展战略具有重要的发言权、决策权，而且兼有建设的责任，直接参与到学院的运行管理中。

行业学院依据《关于深化产教融合的若干意见》中"校企主导，政府推动，行业指导，学校企业双主体"的指导思想，使教育链、人才链、产业链和创新链相结合，充分体现行业特色，更好服务行业需求，深度推动产教融合。行业学院具有独立的运行机制，为了提高行业学院的运行效率，保证行业学院人才培养质量，行业学院建立理事会领导下的院长负责制，学校联合行业协会和骨干企业组成行业学院理事会，行业学院院长由理事会聘任，行业学院的院长可以由二级学院院长担任或者行业协会会长来担任，体现"双主体"的原则。行业理事会负责学院规划、指导行业学院的建设与发展，同时订立《行业学院理事会章程》，聘请熟悉行业发展趋势和项目组织的管理团队，做好校企双方的对接协调。

行业学院中企业和学校是双主体，相互依存。行业学院引导企业建立协同创新工作室，教师与学生以创新团队的形式入驻企业，为职业教育提供真实情境；同时引导学校建立培训和研发中心，提高企业内涵建设，为企业发展创造源源不断的动力。行业学院这种深度的校企合作方式形成了一个共同体，你中有我，我中有你，实现共同的发展目标。通过行业学院，校企之间的产教深度融合，行业学院的各主体学校、行业、企业、教师、学生、员工实现共赢，再加上政府的积极推动和政策支持，校企合作将会可持续地发展。

行业学院通过构建质量信息反馈体系，与合作企业共同参与人才培养质量评价，从而进一步提高教育教学和人才培养质量，并根据最新的行业标准和产业需求，对人才培养方案做出调整。该体系下，质量监控贯穿于实践教学的各个环节，通过对教学质量进行调查研究、比较评价，从而保证人才培养质量。在培养过程中，一方面，行业学院可以建立创新评价机制，持续改进评价质量，与现阶段的行业背景相结合，对学生的专业学习成果进行分析，以此来评价阶段学习是否成功。另一方面，可以利用行业学院的师资优势，开设创业竞赛团队，从企业邀请经验丰富的师傅来学院进行专业技术指导，或者选派青年教师到企业进行实际锻炼，参与企业实际项目运作，拓宽其专业视野。例如，跨境电商创新创业行业学院通过引入真实的项目和企业师傅的指导，让学生熟练掌握了跨境电商平台的运营，通过销售产品赚取利润和参加各类创新创业比赛，学生不但掌握了职业技能，而且激发了学生追求梦想、开拓创新的精神，为学生的职业生涯奠定了扎实的基础。

总之，行业学院形成了学校、行业和企业的合作共同体和有机体，增强了三者之间的联系，增加了学校的活力，使学校融入社会，贴近社会培养市场最需要的人才，行业学院实现了学校和行业企业协同发展。

3.OBE 理念下行业学院的构建

行业学院是适应行业发展需求而产生的，依托行业及其主干企业，围绕行业岗位标准，把行业技术标准、管理规程和职业情感融入教学内容和课程体系，形成了鲜明的行业特色与突出的学科优势。行业学院是行业协会参与职业教育的创新方式，需要行业协会搭建桥梁，这将成为我国特色职业教育的表现之一。

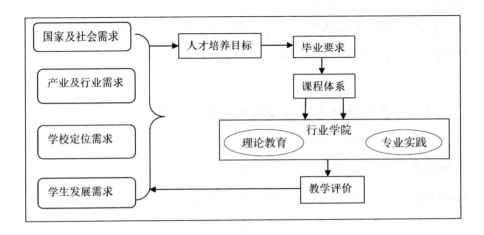

图 2-5 OBE 理念下行业学院构建示意图

行业学院的构建思路如下：根据国家和社会教育发展需要，结合学校定位，确立人才培养目标，制定学生毕业要求，设计课程体系，通过行业学院的理论教育和专业实践培养人才，根据教学评价和学生就业是否达到预期目标来评价培养效果，反馈信息，从而循环调控人才培养模式。在行业学院中，一方面，邀请行业协会、企业专家进行人才培养方案的修订，为专业发展献计献策；另一方面，走访相关行业企业代表，掌握毕业学生现状，了解当前产业对人才的需求与培养的契合度，同时根据大数据信息，提前预测市场人才需求情况变化，调整培养方案。

行业学院是实现人才培养目标最核心的一个环节，行业学院负责理论教育与专业实践，专业实践是对理论教育的检验，并对阶段学习成果进行评价，再根据学习成果对阶段教学质量进行评价，为制订下一阶段工作计划提供参考。按照不同的行业背景，行业学院制订差异化的实训计划，通过融入行业情境参与企业项目来检验学生专业学习成果和行业工作的相融性，从而评价阶段学习是否成功。OBE 理念强调立足教育成果，围绕学生这一中心反向进行教学课程体系的设计，以提高教学效果。以行业学院为载体进行人才培养，可以最大限度地发挥校企合作的积极作用，全面提升人才培养质量，适应新形势下产业对人才的巨大需求。

四、行业协会构建行业学院的建议

行业协会参与职业教育是中国职业教育改革的主要内容，职业教育的发展离不开行业企业的参与，行业协会在其中起到举足轻重的作用，行业学院的构建也将成为中国职业教育努力的方向，但是需要利益相关者的多方协同配合，才能达到多方共赢的局面。

1. 打造双赢的管理机制

行业学院需要围绕产学双赢的宗旨设置各类互惠机制，推动合作教育的更好发展。一方面，行业企业需要为学生提供匹配的岗位，并在设备与师资方面为行业学院提供有力保障，构建稳定的产学伙伴关系；另一方面，学校管理层需要给予行业学院足够的关注，提供有效的领导和管理，引导发挥行业学院的作用，开展相关培训强化行业学院各类参与人员的专业素养，不断改进和完善行业学院的管理。

2. 着力完善行业学院的运行机制

行业学院类似于独立的二级学院，有着独立的运行机制。行业学院通过出台管理办法，明确人员分工及责权利，健全工作规范，设立专项工作经费，发挥其自身的"造血功能"，同时明确监管部门，规范引领行业学院发展，在资源调配、信息互通等方面给予更大的支持。在行业学院实践中，需要建立经费投入机制，更多地从政府、行业企业获得共建资金，发挥董事会、校友会的资源优势吸引资金，同时与友好单位开展深度合作，获取更多的社会经费。

3. 改革行业学院的学期模式，实现职业教育的"双元制"和"终生制"

行业学院分为学术学期与工作学期两部分，通过整合学校学习和职场学习的课程结构，对行业学院的教学计划进行合理规划，明确学习目标和教学策略，实现学校学习与职场学习的协调，并依次开展教学与训练，实现职业教育的双元制。行业学院需要保证学生的主体地位，最大限度上提供行业学习资源保障学生学习所需，实现自主学习，以此来养成终身学习的习惯。

4. 各方为行业学院提供配套措施，鼓励行业学院的建立和推广

在政府产教融合和校企合作的政策推动下，各方为行业学院在经费与配套设施方面提供更大支持，以此来推动行业学院的构建及开展相关推广工作，比如对行业企业给予税收方面的优惠政策；提高行业企业的参与度，搭建行业与学校的沟通平台，成立教学委员会指导行业学院的工作，切实保障行业学院的正常运行，从而为学生提供更广阔的就业空间。

5. 按照 OBE 理念对行业学院的成果进行评估和改进，从而提高人才培养质量和效果

行业学院作为一种创新的教育模式，需要进行学习成果评估，以确保实现既定的学习目标。行业学院不仅需要开展学生学习评价，还需要针对毕业生进行定期的追踪调查，比较参与行业学院的学生能否获取更为成功的职业成长，并检验是否实现学校学习与职场学习的融合，以此作为改进整体教育计划的参考，同时制定相关的行业认证体系，凸显行业学院的质量与标准。

第三节 行业学院——职业教育产教融合的新途径

十九大报告中指出，深化职业教育改革，促进人才培养供给侧和产业需求侧结构要素全方位融合，培养大批高素质创新人才和技术技能人才。2017 年 12 月 5 日，国务院办公厅印发了《关于深化产教融合的若干意见》(以下简称《意见》)，《意见》指出，深化产教融合，促进教育链、人才链和产业链、创新链有机衔接，是当前推进人力资源供给侧结构性改革的迫切要求。《意见》提出，鼓励企业依法参与举办职业教育，深化"引企入教"改革，支持引导企业深度参与职业学校教学改革，支持校企合作开展生产性实习实训，鼓励企业直接接收学生实习实训，利用市场合作和产业分工，构建校企利益共同体，形成稳定互惠的合作机制，促进校企紧密联结。2018 年 2 月，教育部等六部门联合发布了《职业学校校企合作促进办法》(以下简称《办法》)，这是国家对职业教育发展的又一份法规性文件。如果说十九大报告是指明方向，《意见》是指明路径，《办法》就是指明措施，三个文件形成了一个完整的"产教融合、校企合作"的逻辑链。

《意见》在促进产教供需双向对接中，特别强化了行业协调指导作用，行业主管部门要加强引导，通过职能转移、授权委托等方式，积极支持行业组织制订深化产教融合工作计划，开展人才需求预测、校企合作对接、教育教学指导、职业技能鉴定等服务。职业教育的主体是学校和企业，笔者要探索的是学校和企业之间的桥梁——行业学院如何实现连接和沟通的作用，促进产教融合和校企合作。

一、行业学院的概念

行业学院是职业教育创新合作教育模式、有效解决合作难题的行之有效的新机制、新模式。所谓行业学院，就是学校与行业协会进行合作，通过行业协会的联系与行业中若干企业签订校企合作协议，培养行业专业人才。行业学院是对传统校企合作模式的提升，在行业学院的建设过程中，在管理体制建设、培养方案制订、课程体系设计、教学方式改革、教材编写使用、评价体系构建等方面，积极顺应行业人才需求，探索合作教育与产教融合的新机制与新模式。行业学院的实现方式为：通过行业协会的积极参与，学校和企业共同设计行业课程，应用于学生实习过程中，通过边做边学的教学形式，使得学生的动手能力得到提升，并对企业文化有深入了解，培养学生的知识应用能力、创新能力和团队协作精神。

行业学院将学校、行业协会、企业三者融为一体，使得学校的人才供给侧和市场的人才需求侧相结合，三方的资源有效整合，从而形成新的合作教育平台。学校为行业学院提供科研和人才供给，行业企业为学校提供实践和就业机会，双方相互依存，协同发展。

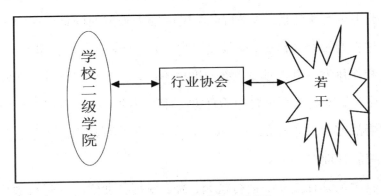

图 2-6　行业学院示意图

行业学院与专业学院不同，是在学生完成专业基础和专业技术课程后，加入 1—2 年的行业培训，以行业真实项目为依托进行职业技能培训，为常规的专业培养提供面向行业的职业训练，学生掌握职业技能后，可以直接走上工作岗位，实现了人才培养和行业相融合的个性化教育，比如说电子商务行业学院、汽车行业学院、服装行业学院、旅游行业学院等。

行业学院参与人才培养方案的制订、课程体系设计、实训实习安排、理实教材编写、教学质量评价等，以市场需求为导向，引入行业标准，强化行业能力，实施面向行业的个性化培养，提升学生职业技能。行业学院根据行业本身的标准和要求，对人才培养方案提出要求，有效地融合了专业教育和职业培训，让专业培养更贴近企业需求，缩短了学生毕业与就业的距离。

二、行业学院的运行机制

行业学院是学校和企业双方高度融合的模式，共同建立，共担责任。在实践中，学校和企业双方派遣骨干人员建立共同参与的组织机构，形成共同治理机制，这是行业学院区别于松散的校企合作的重要特征。在过去的校企合作中，学校是主角，企业是配角，企业作为合作方，积极性和作用发挥并不明显，参与度也不高。在行业学院中，学校和企业是双主体，企业作为重要的治理方，对学院的发展方向和人才培养等重大发展战略具有重要的发言权、决策权，并兼有建设的责任，直接参与到学院的管理中。

行业学院具有独立的运行机制，为了提高行业学院的运行效率，保证行业学院人才培养质量，行业学院建立理事会领导下的院长负责制。

行业学院院长由理事会聘任,行业学院的院长可以由二级学院院长担任或者行业协会会长来担任,体现"双主体"的原则。行业学院组建独立的管理团队,能够代表学院行使相应权力,具有相对独立的人事权和财务权。行业学院一共有四个部门:企业联络部,负责学校和企业之间的联系和沟通,建立校企合作关系,签订校企合作协议;技能培训部,负责培训教师和学生技能或者对企业人员进行培训;人力资源部,负责推荐毕业生去企业实习和就业;项目管理部,负责校企合作中的具体项目,比如实训基地建设、职业资格认证、产学研项目和社会服务项目等。通过行业学院,学校和企业之间的产教融合和校企合作可以顺利展开,学校、行业、企业、教师、学生、员工各方共赢,再加上相关部门的积极推动和政策支持,产教融合、校企合作能够可持续地发展下去,形成良性循环。

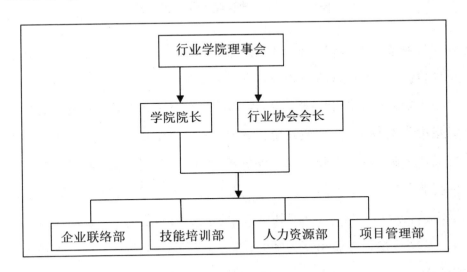

图 2-7　行业学院组织机构图

行业学院中企业和学校是双主体,相互依存。行业学院引导企业建立协同创新工作室，专业教师与学生以创新团队的形式入驻企业，为职业教育提供真实情境；同时引导学校建立企业员工培训室和理论创新研究中心，提高企业内涵建设，为企业发展创造条件。行业学院这种深度的校企合作方式能形成一个共同体，你中有我，我中有你，确定共同的发展目标：企业是学校的工作室，可以带来真实的实践项目，为学校提供有保障的应用；学校是企业的研究室，可以带来先进的学术理论，为企业提供丰富的理论支撑。

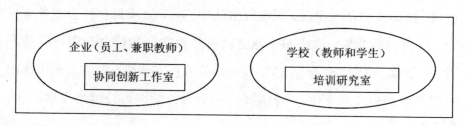

图 2-8 行业学院校企双方关系图

行业学院通过建立质量信息反馈体系，合作企业参与人才培养质量评价，进一步提高教育教学质量，根据最新的行业标准和产业需求，对人才培养方案作出调整，在实践教学的各环节进行质量监控，对教学质量进行调查研究、比较评价，保证人才培养质量。在培养过程中，一方面，行业学院可以建立创新评价机制，持续改进质量，通过结合当前的行业背景，对学生的专业学习成果与行业工作进行分析，来评价阶段学习是否成功。另一方面，利用行业学院的师资优势，开设创业竞赛团队，从企业邀请经验丰富的师傅，来学院进行专业技术指导，或者选派青年教师，到企业进行实际锻炼，行业学院教师带领创新创业团队共建工作室，参与企业实际项目，参与各类比赛，增强学生竞争意识，开拓学生的专业视野。例如，跨境电商创新创业行业学院通过引入真实的项目和企业师傅的指导，让学生熟练掌握了跨境电商平台的运营，通过销售产品赚取利润和参加各类创新创业比赛，学生不但掌握了职业技能，而且激发了学生追求梦想、开拓创新的精神，为学生的职业生涯奠定了扎实的基础。

总之，行业学院形成了学校、行业和企业的合作共同体和有机体，增强了三者之间的联系，增强了学校的活力，使学校融入社会，贴近社会培养市场最需要的人才，行业学院实现了学校和行业企业协同发展，有利于整个社会的福利。

三、行业学院是职业教育产教融合的新途径

产教融合、校企合作是职业教育的基本办学模式，是办好职业教育的关键所在。现在的校企合作，是校企双方通过共同育人、合作研究、共建机构、共享资源等方式实施的合作活动，实行校企主导、政府推动、行业指导、学校企业双主体实施的合作机制。行业学院是职业教育产教融合的新途径，主要表现在以下几个方面：

1. 行业学院构筑信息共享平台

在校企合作过程中，学校是人才的供给方，企业是人才的需求方，两者在信息上要做到相匹配，才能实现人尽其才。行业学院就可以承担这个责任，建立校企合作信息共享平台，面向学生、企业和学校三大主体，有针对性地提供信息服务，比如分别为学生用户提供找工作、找实习、找兼职服务；为企业用户提供找人才、找技术、找合作、找设备、找委培服务；为学校用户提供找合作和找企业专家等服务，形成了信息共享服务模式，为多方合作、互利共赢提供了很好的平台。

2. 行业学院为学校提供优质企业资源

行业学院可以为学校提供优质企业资源，协助相关部门认定"教育企业"，对深度参与校企合作，行为规范、成效显著、具有较大影响力的企业给予表彰和政策支持。"教育企业"的概念破除了职业教育只是学校教育的传统观念，将职业学校教育的责任扩展至企业，保障了行业企业参加办学的积极性。行业学院拥有众多会员企业，通过对企业参与校企合作水平与质量的分层次遴选，建立企业参与校企合作资格准入和审查制度，提高校企合作企业的质量，那些具有合作意愿、满足条件、达到标准的企业，不仅可以获得"教育企业"这一特殊的称谓和身份，提高企业荣誉和声誉，而且可以获得政府支持，更好地发挥引领和示范作用，从而推动校企合作不断提高质量。

3. 行业学院深入产教融合，参与人才培养

首先，行业学院提供最新的行业发展情况、行业岗位分析报告以及行业人才需求预测，参与人才培养方案的制订，将产教融合、校企合作落实到人才培养过程中，课程教学内容及时反映新知识、新技术、新工艺、新规范，使学校的课程设置与行业发展相对接，进行及时调整与优化。在专业设置方向上，选择与社会经济生活密切相关的课程内容，使学生尽可能了解劳动力市场的变化和职业岗位群的特征。其次，行业学院为理论教学和生产实践相结合提供机会。行业学院凭借自己的企业资源，可以将职业教育与工作实践融为一体，从而构建出全新的教学模式，突破传统，使得学生的实际操作能力得到显著提升。再次，行业学院可以组织学生考取职业资格证书。行业学院可以组织该领域的专家建立考试委员会，行业学院颁布考试规则和颁发职业资格证书。最后，行业学院可以聘请企业专家开设职业指导和创业课程，提升学生的创业

与竞争意识。

4. 行业学院保障校企合作相关利益者的权益，保证合作内在发展动力

行业学院在可持续发展的校企合作关系中可以起到监督和管理相关利益者的权益的作用，比如说在保护学生权益方面，监督签订学校、企业、学生的三方协议，明确学校和企业在保障学生合法权益方面的责任，要求企业依法规保障顶岗实习学生或者学徒的基本劳动权益，按照有关规定及时足额支付报酬，同时建立学生实习强制保险制度等；在保护教师权益方面，行业学院可以协调学校将参与校企合作作为学校教师业绩考核的内容，具有相关企业一线工作经历的专业教师在评聘和晋升职务职称、评优表彰等方面同等条件下优先对待；在保护兼职教师权益方面，行业学院可以聘用兼职教师，给予兼职教师报酬和奖励，尊重兼职教师的劳动成果。这样，学生、学校教师和兼职教师的权益得到充分保证，校企合作就能良性地可持续发展，保证校企合作内在发展动力。

第四节　"双高计划"背景下行业学院构建策略研究

中国特色高水平高职学校和专业建设计划（以下简称"双高计划"）中明确指出，职业教育需要创新产教融合模式，精准对接区域人才需求，使学校服务产业转型升级的能力得以提升，促使职业院校与行业企业形成命运共同体。"双高计划"落地意味着高职教育改革进入提质培优、增值赋能时代，学校必须面向市场，不断深化产教融合和校企合作，提高服务能力，培养职业核心能力，促进就业。

"双高计划"下，高职院校侧重于高水平专业群建设。高水平专业群建设与其所处行业密切相关，高职高水平专业群要发展好，必然要开展产教融合和校企合作，建立行业学院，这样才能与行业同步发展，满足国家产业结构调整对高技能技术人才的需求。行业学院是职业教育产教融合发展的产物，行业学院能够促进学校和行业企业深度融合，促进校企合作。要做好校企合作，形成利益相关主体共同参与的格局，通过以利益为基础，以资本为纽带，以各方共赢点作为支持，开展持续合作。行业学院的模式就是在这样的背景下应运而生，学校和行业企业共同创新、互利共赢，通过调动各方积极性，把产业链和专业群结合在一起，共同研发、共建师资队伍，共同开发课程、共同育人。

一、行业学院研究文献综述

有关行业学院的研究文献非常少，一般是对行业学院的内涵和意义进行分析，很少对行业学院的人才培养模式和运行机制进行研究。

1. 行业学院的内涵

行业学院是职业教育有效解决合作难题的创新合作教育模式。所谓行业学院，就是学校与行业企业进行合作，通过与行业中若干企业签订校企合作协议，培养行业高技能高技术人才。行业学院通过制订人才培养方案、改革教学方式、设计课程体系、建设管理体制以及构建评价体系等，顺应行业人才培养需求，提升校企合作育人效果。

朱林生等（2012）提出，行业学院通过学校、行业协会与企业深度合作，形成合作教育共同体，实现学校人才培养目标，满足市场对人才的需求，同时整合三方资源，成为承载合作项目的平台，学校与行业企业协同发展。李宝银等（2017）认为行业学院要探索产教融合、校企合作、工学结合的人才培养模式。行业学院具有区域特征，符合区域产业集群的网络化生产需求，围绕实际项目教学，解决企业实际问题。行业学院具有鲜明的行业特色，根据行业发展需求，围绕行业岗位标准，依托行业骨干企业，在课程体系和教学内容中融入行业技术标准、管理规程和职业情感。徐绪卿等（2018）认为行业学院是以行业生产链、技术链、服务链和产品链为对象，学校和行业典型企业紧密融合的产业导向的应用型专业学院，双方共同开展科技服务和人才培养。行业学院与传统学术型学院不同，它是由学校与行业企业合作共建，以行业产业链为基础、整合行业资源而设置的应用型专业学院，行业学院的人才培养具有明确的对象性和针对性，是一种与行业系统全面且紧密融合的合作新模式。

2. 行业学院的特征和运营机制

行业学院已经成为学校转型发展的一个重要模式。行业学院从实践效果来看，为传统学院发展模式注入了新的活力，校企合作的障碍得以突破，促进了学校的应用型改革。首先，根据地方产业发展需求设置行业学院；其次，加强协同，围绕产业需求大力推进学科和专业集聚；再次，引入标准，面向行业特色需求改造课程培养体系；最后，发挥优势，完善行业学院的体制机制建设，推进融合，促进校企紧密合作形成科学治理结构。

徐绪卿等（2018）以产教融合和校企合作互动的视角，认为行业学院表现为"六共同"的特征：共同制订培养方案；共同组建教学团队；共同推进管理改革；共同打造产学研基地；共同开展项目研发；共同构建治理方式。邓志新（2018）指出，行业学院具有"双主体""四共同"的特征，即共同制订人才培养方案；共同组建教学团队；共同推进教学管理改革；共同打造产学研基地。毕文建（2018）认为行业学院是地方本科院校向应用型院校转变的重要举措，通过创建开放融合的自主经营机制、"政校行企"四方联动的治理机制、区域共享的协同平台运行机制以及文化相融的文化培育机制和队伍成长机制，精准对接区域产业发展，推进和保障行业学院运行。

目前，行业学院的建设与发展还刚刚起步，没有成熟的模式和路径可借鉴。行业学院的合作还是比较初浅的校企合作，并没有深入开展，一方面是没有制度保障和经济保障，行业学院持续运行较为困难；另一方面，行业学院的运营难以达到共赢局面，行业企业的积极性不高。行业学院是连接人才供给方的学校和人才需求方的企业的纽带，是沟通教育链、人才链和产业链、创新链的桥梁，所以在"双高计划"背景下，探讨行业学院的构建思路和策略很有必要。

二、行业学院的构建思路

在"双高计划"背景下，高职院校设定行业学院，尤其是高水平专业群的建设，需要和当地的产业紧密结合，培养高素质高技能人才，形成"五业联动"的模式：以职业岗位为核心，即当地支柱产业包含诸多相关行业，行业包含诸多企业，企业决定职业岗位，根据职业岗位设定专业群和课程，服务于企业、行业和产业。

1. 精准对接产业发展需求设置行业学院

每个地方的支柱产业不同，决定了不同的人才需求。职业教育需要精准对接区域产业，随着产业结构升级和调整，区域人才需求和职业岗位发生变化，高水平专业群需要通过行业学院及时了解市场变化，进行相应调整从而适应市场变化需求。

2. 引入行业标准培养人才，根据行业标准制订人才培养方案和课程体系

行业学院以行业市场需求和职业岗位能力需求为导向，重点培养学生的技术技能和创新创业能力，形成行业特色的人才培养模式。通过"1+X"职业技能等级证书制度，把行业标准和职业技能等级课程融入人才培养方案和课程体系，为学生职业技能等级晋升打通渠道。通过课程设置和学分置换，构建较为灵活的行业学院培养模式。

3. 构建"双轨管理、双轮驱动、双师教学"人才培养模式

行业学院根据行业人才及其终身发展需求，集聚产业优势和企业集群化生态优势，联合并遴选一批具有代表性的、不同类型的企业、不同职业岗位的一线行业专家和优秀教师，共同实施基于产教融合的"双轨管理、双轮驱动、双师教学"新型学徒制人才培养模式。如图2-9所示，在"双高计划"背景下，教育链、人才链和产业链、创新链进一步融合，学校与企业对行业学院实施双轨管理，专业对应职业实行双轮驱动，通过教师与师傅双师教学和学生、学徒双重角色，融合现代学徒制和1+X证书制度内容，获取学历证书的同时取得职业技能等级证书，实现行业学院培养高技能高技术人才的目标。

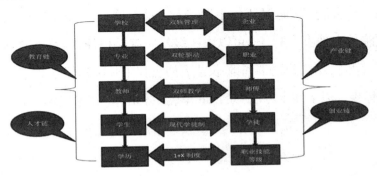

图2-9　行业学院的构建思路

三、行业学院的组织结构

行业学院是职业教育产教融合的新途径。行业学院是沟通学校和企业两大主体的桥梁和纽带,行业学院不但可以构筑学校和企业的信息共享平台,为学校提供优质企业资源,而且可以深入产教融合,参与人才培养,充分发挥行业学院的示范带动作用,实现职业教育质量的提升。行业学院是学校、行业、企业等组织共同组成的机构,具有鲜明的行业特色。行业学院依据行业岗位标准,把最新的行业技术标准融入课程体系和教学内容,共同开展产学研和人才培养。行业学院对学生能力的培养提升到了一个更高的层次,保证了实践教学的质量,真正培养出适应社会和市场需求的实用型、技术型、应用型人才。

行业学院是学校和企业双方派遣骨干人员建立共同参与的组织体系,共同建立,共担责任,形成共同治理机制,是学校和企业双方高度融合的模式。在行业学院中,学校和企业是双主体,企业作为重要的治理方,直接参与到行业学院的管理中,对行业学院具有建设的责任,对行业学院的发展方向和人才培养等重大发展战略具有重要的决策权和发言权,这是行业学院区别于松散的校企合作的重要特征。

为了提高行业学院的运行效率,行业学院建立行业学院理事会领导下的院长负责制,从而保证行业学院人才培养质量。如图 2-10 所示,行业学院院长由理事会聘任,可以由二级学院院长担任或者行业协会会长来担任,副院长由二级学院副院长或者协会秘书长来担任,行业学院的职能主要体现在以下四个方面:资源共享、人才培养、技术创新、社会服务。

图 2-10 行业学院的组织结构

在资源共享方面,行业学院生态体系下的企业群为教师实践、学生实习提供广阔空间。行业学院依据行业人才标准指导建设相关专业、课程、实训、双师型教学团队、教学资源库和项目库。

在人才培育方面,行业学院精准定位行业人才需求,高质量培养高技术高技能人才。通过打造模块化课程库和企业化项目集,形成服务终身教育的资源共享体系。以模块化课程库、企业真实项目集为载体,满足不同能力水平和层次学习者个性化学习体系。利用行业企业各种成熟的社会服务发展要素,系统化构建起服务区域经济发展所需的领域要素,快速服务区域发展。

在技术创新方面,依托行业平台大数据,服务于科研与教学。行业平台形成能够反映行业发展现状的大数据,有利于行业现状研究、行业趋势研究、行业技术研究、行业企业需求研究等;行业人才大数据也为教学提供支撑,行业研究中心形成的科研成果可转化为企业生产力。

在社会服务方面,"模块化"课程开发满足社会培训的不同层次需求。课程体系依据职业分析确定岗位梯度发展所需学习内容,配以技能训练项目,满足初、中、高级人员学习需求,更好服务职业社会化培训。行业学院还可以引入国际合作项目,打造"一带一路"专业示范基地,促进教育国际化;发挥行业人才培养优势,探索制定行业标准并国际化输出。

四、行业学院的构建策略

在"双高计划"背景下,行业学院通过构筑校企合作平台,深入产教融合,保证校企合作各方的利益,为专业群的建设提供发展动力。行业学院实现了真正意义上的产教融合,产业链和教育链得到完美匹配,人才供给和需求得到精准对接,校企双方相互依存,协同发展,互利共赢。

1. 行业学院与专业群建设相匹配

在"双高计划"背景下,专业群的建设是重点,行业学院是专业群实现产教融合、校企合作的途径之一。针对区域经济支柱产业,必然有高水平专业群和相对应的行业学院。专业群是基于产业结构、产业空间布局和产业链条组建的,产业的调整和转型升级决定着专业群的调整和优化,专业群与行业有着明确的对应关系,因此行业学院的构建和运行紧密配合专业群的建设。

2. 探索混合所有制和股份制的管理体制

行业学院积极探索混合所有制和股份制的管理体制,各方通过资本、技术、管理、知识等生产要素参与办学并享有相应的权利,建立起以资产为纽带,多方积极参与的紧密型合作组织,利益共享、风险共担。

3. 根据产业链和创新链来设计教育链和人才链

在人才培养、资源共享、技术创新、社会服务方面,行业学院具有很多优势。在资源共享方面,协同创新,发挥各自优势资源,互利共赢。在人才培养方面,以就业为导向,加强工学结合、知行合一,依据行业标准和职业岗位共同开发设计课程,利用现代学徒制和实践平台,注重职业技能培养,与产业链无缝对接。在技术创新方面,产学研相长,教师的创新为企业服务,满足企业创新需求,同时将学术理论知识与管理经营、研发设计、生产加工等实践结合起来,突出应用性特色。在社会服务方面,通过1+X职业技能等级证书的培训和考试,为社会提供人才供给,为区域行业经济发展贡献力量。

4. 根据成果导向(OBE)理论,以就业为导向评估行业学院的效果

通过行业学院课程的学习,让学生掌握核心职业能力,进入职业岗位,满足用人单位的要求,而用人单位的反馈意见,又反过来指导课程的设置和修订,形成良性循环系统。通过就业质量报告来了解学生的就业状况,如果就业满意度高,说明学生在市场上受欢迎,也就是肯定行业学院的教学效果;反之,如果就业满意度不高,通过大数据和评价指标找到其中的问题,对人才培养方案进行调整,满足市场的人才需求。

五、小结

在"双高计划"背景下,建设高水平专业群成为高职院校努力的方向。专业群必须与行业企业深度融合,才能促使教育链和产业链、人才链和创业链相匹配。因此,要精准对接产业发展需求设置行业学院,引入行业标准培养人才,根据行业标准设置人才培养方案和课程体系,构建"双轨管理、双轮驱动、双师教学"人才培养模式。

第三章 职业教育集团与产业学院研究

第一节 利益协调机制下职业教育集团的协同创新

一、问题的提出

《国务院关于加快发展现代职业教育的决定》提出："鼓励多元主体组建职业教育集团。"

职业教育集团化办学是一种新型的办学模式，是指以一个或几个办学实力较为雄厚的职业院校为核心，以契约或资产为连接纽带，由若干个具有独立法人资格的职业学校和相关企事业单位组成的职业教育办学联合体。职业教育集团对职业教育行业来说，能有效整合社会职教资源，提高职业院校的办学效益，从而实现我国职业教育跨越式发展。

职业教育集团的参与者主要有六方，分别是政府、职业院校、行业、企业、科研院所、其他社会组织。职业教育集团涉及多方的利益，职业教育集团的多元化，利益协调就至关重要，如何进行利益均衡和博弈，实现利益最大化和协同创新就是本书要探索的问题。

二、职业教育集团的利益相关者

利益相关者本意是公司治理中的股票持有者，即股东，但是后来发展到很多领域，也就是与其有相关利益关系的主体。职业教育集团是非营利性社会公共组织，与企业等营利性组织有一定联系，一定意义上，职业教育集团既是职业教育办学体，又是一种企业法人联合体，也是社会资本的集聚地，可以说，职业教育集团是利益相关者的联合体。

政府、学校、行业、企业、科研机构等社会组织和个人对职业教育集团投入了大量物质资本和人力资本，其活动将作用于职业教育集团的使命与目标的实现，同时职业教育集团使命与目标的实现过程反作用于这些社会组织和个人的利益实现。开展职业教育集团利益相关者研究应该考虑各个利益相关者及其诉求形成一个良性的利益协调机制，从而构建一个健全的、完善的利益协调机制。笔者结合我国职业教育集团办学实践，对职业教育集团中的各利益相关者的利益诉求分析如下：

1. 政府主管部门

政府是职业教育集团中最重要的利益相关者之一。政府主管部门对职业教育发展具有不可或缺的推动作用。政府在职业教育集团的作用就是通过行政手段管理利益相关方，调动积极性，调配资金，让各方发挥自身的优势，从而充分发挥职业教育集团培养人才的作用。

2. 学校

学校是职业教育集团的主要推动者，学校希望政府大力支持，行业和企业积极配合共同来培育人才，学校应该是职业教育集团的主心骨，在职业教育集团中起决定性作用，职业教育集团建设的好坏很大程度上取决于学校主观能动性的发挥：学校有号召力，成立专门的校企合作办公室，在政府的政策支持下，就能够很好地联合企业和行业，校企合作，共育共赢；学校如果没有号召力，职业教育集团就如一盘散沙，名存实亡，发挥不了职业教育集团的作用。

学校包括教师和学生两个利益相关者。教师和学生是职业教育集团中最重要、最核心的利益相关者群体，这一利益相关者群体的利益实现好坏直接关系职业教育集团发展。教师希望通过职业教育集团的发展能为自己提供一个更为广阔的发展空间和更高的发展平台，为他们提供一个独立、自由的学术环境和科研环境，在促进学校发展的同时，自身也获得发展，心理得到满足，在推动职业教育集团的发展中实现自我人生价值。学生也是职业教育集团的主体之一，是职业教育集团发展的终极目标。学校通过职业教育集团培养更多的优秀学生为社会服务，从而吸引更多优秀的生源。学生希望职业教育集团能为其提供良好的教育、实训和实习以及就业机会，掌握技术技能，从而在激烈的人才竞争中占据主动。

3. 行业协会

行业协会在职业教育集团中是连接企业和学校的纽带和校企双方沟通的桥梁，通过行业协会可以把很多企业优秀的资源集中起来，为学校服务，也可以为企业提供优秀的人才资源。由于单个企业容量的有限性，不能为学校提供很好的教学支持和实践机会，但是如果某一行业内的企业联合起来的话，就能为学校提供足够的实习实训岗位和就业机会。行业协会掌握了大量企业资源，可以把行业内的企业联合起来为学校服务。职业教育发展越好的地方，行业协会的功能就发挥得越好。

4. 企业

企业既是职业教育的消费者，又是职业教育的参与者。一方面，企业希望通过对职业教育集团给予资金上的支持，从而参与到职业教育集团的办学中来，使自身的利益诉求得到更好的表达，推动职业教育集团向市场化方向发展。另一方面，职业教育集团的发展可以为企业输送各种各样的高素质专业性人才，为企业提供技术支持，改善企业经营管理，提升企业形象，进而使职业教育集团能更好地融入到社会经济发展的过程中，为社会和企业创造更多的财富。

5. 科研院所和其他社会组织

科研院所在职业教育集团产学研中起到了关键作用，企业的疑难问题可以通过科研院所形成课题组来攻破，科研院所的研究成果也希望通过企业来转化。其他社会组织在职业教育集团中起润滑剂的作用，可以扮演多重角色，可以扮演政府给予政策支持和出资，也可以扮演学校作为人才的供给方，还可以扮演企业作为人才的需求方，而最终的目标就是培养市场需求的人才，为社会做贡献。

职业教育集团的本质是校企合作，学校和企业是核心成员，行业协会是学校和企业沟通的桥梁和纽带，而科研院所和其他社会组织则是辅助成员。职业教育集团是企业、学校、行业协会、科研机构和其他社会组织的交流平台，需要政府、学校、行业协会和企业多方联动，才能发挥作用，培养高技能高技术人才。

三、职业教育集团的利益协调机制

所谓利益协调，主要就是指为了达到某种协调目标而对人们的利益观念、行为和相互关系进行的自觉的、有意识的调整过程。利益协调机制，是指职业教育集团化办学中各成员单位在总体目标一致下采取各种方式、方法建立起来的相互配合、支持和沟通的组织形式、运行机理，实现对其目标权益的合理安排，从而调整各自的行为，最大限度地实现集团化办学的目标和各成员单位的利益。

为了更好地实现人们各自的利益，人类社会就需要有意识地对利益关系不断地进行协调，也就是说利益各方都在为自身的利益最大化努力，他们之间存在博弈关系，一方的利益增长有可能是建立在另一方利益减少的基础上，如果想要达到多方的利益最大化或者利益最优化的均衡状态，多方共同生存、共同发展，就需要利益协调机制来协调，从而达到利益均衡状态。职业教育集团的利益协调机制包含以下四个方面：利益协调的主体、客体、手段和方法。

表 3-1 职业教育集团利益协调机制

参数	内容
利益协调主体	利益主体指的是各利益相关者，即政府、学校、企业、行业、科研院所及其他社会组织。
利益协调客体	利益主体之间的利益关系：政府与学校的利益关系、学校与企业的利益关系、企业与行业的利益关系、企业与科研院所的利益关系、学校与科研院所的利益关系以及与其他社会组织之间的关系等。
利益协调手段	制定规章制度：通过制定相应的规章制度，对各利益相关者的利益进行规定和约束。 加强信息沟通：通过网络和会议加强沟通，有助于提高协调质量和效率。
利益协调方法	目标协调：职业教育集团的目标要一致，比如说职业教育集团的总体目标是培养优秀的高技术高技能人才，为社会服务，即使企业会有付出和一定的利益损失，企业也应该心甘情愿，为整个社会做贡献。 组织协调：利用各种行政方法直接干预和协调集团内部各利益相关者的利益，使职业教育集团内部利益格局保持良好秩序，使各利益相关者团结一心，互利共赢。 经济协调：通过经济利益进行协调，通过税收、奖金、补贴等各种经济手段，保障职业教育集团各利益相关者的经济利益。比如说政府给予企业的所得税减免以及直接的财政补贴，就是为了发挥企业的积极性对企业最好的经济补偿。

构建职业教育集团利益协调机制的最终目标是，通过构建利益协调机制使之发挥作用，从而达到职业教育集团内各利益相关者利益的和谐，进而达到人与人、群体与群体间的和谐，为职教集团的发展凝聚力量，促进职业教育集团向更高水平发展。针对当前职教集团内部的利益格局，必须建立健全完善的利益保障机制和利益补偿机制，保障利益相

关者利益和补偿部分利益受损者,形成各方利益的最大公约数,共同推动职业教育集团实现又好又快发展。

四、职业教育集团的协同创新

要想发挥职业教育集团的积极作用,培养高质量的高技能人才,除了采取利益协调机制外,更需要利益相关方政府、学校、企业、行业、科研院所与其他社会组织协同创新,才能互利共赢。

1. 政府

制定法律,出台政策,充分发挥政府统筹作用。

政府统筹作用的发挥,一方面靠制度规范,教育部门应当协同有关部门依据相关法律制定职业教育集团发展的相关法律法规,这些法律法规要规范职业教育集团的法律属性、运作方式、组织形式、业务范围。同时配套建立职业教育集团发展的准入、过程评价、退出制度。这样可以从法律的高度确立职业教育集团的发展,同时可以规范职业教育集团的运行。法律在职业教育集团利益相关者的利益协调中起到规范和调整利益关系的作用,从而推动职业教育集团制度化和体制化;另一方面,政府的统筹作用体现在其可以通过政策引导职教集团利益协调机制的构建,发挥政策的制约性作用、指导性作用以及调控性作用。政府政策能在一定程度上限制利益纠纷,将其利益关系控制在有序的范围内,可以提供行为准则,为利益纠纷提供政策引导,对各种利益矛盾进行调节和控制,推进职业教育集团健康发展。

2. 行业

充分发挥行业协会在职业教育集团中的作用。

职业教育集团的多元化成员中,行业企业所占的比重是很大的,行业协会在职业教育集团中具有举足轻重的作用。职业教育集团是深化产教融合、校企合作、激发职业教育办学活力，促进优质资源开放共享的重要载体。经验表明，职业教育集团化办学在资源共享、优势互补、合作育人、合作发展上的优势逐步显现，但是行业企业参与积极性不高、成员关系不紧密、管理体制和运行机制不健全、支持与保障政策不完善，集团化办学在促进教育链和产业链有机融合中的重要作用还没有得到充分发挥。这就需要行业协会积极参与职业教育集团化办学，需要行业来推进办学模式、培养模式、教学模式、评价模式改革，促进产业链、岗位链、教学链深度融合，随着产业发展动态调整专业设置，不断适应经济社会对技术技能人才结构、规格和质量的要求。因此，应鼓励行业协会、中央企业和行业龙头企业、职业院校围绕行业人才需求，组建行业型职业教育集团。

3. 学校

学校要积极主动满足企业的需要，为企业提供和培训优秀的高技术人才，尤其在科研方面，协助企业攻克技术难题，实现产学研一体化。

4. 企业

企业要甘于奉献，从社会角度和长远角度出发，为社会培养人才，为学校提供良好的企业资源，配合教学和科研。

5. 职业教育集团内部成立利益协调机构

由于职业教育集团利益相关方的多元性，单靠利益相关方自身协同还不够，还需要专门的利益协调机构来建立公平公正的利益分配机制，协调和整合各利益相关者的利益，监督利益行为和维护各方利益，最重要的是要进行沟通和融合，使职业教育集团从大局出发，实现各方利益最大化。因此，职业教育集团内部也应成立相应的利益协调机构。

第二节　产教融合视域下
行业组织参与职业教育的国际比较

一、产教融合视域下行业组织参与职业教育被赋予新使命

2017 年 12 月 5 日，国务院办公厅印发了《关于深化产教融合的若干意见》(国办发 [2017]95 号)(以下简称《意见》)，标志着我国人才培养进入产教融合时代，真正将产教融合作为政策实施的重要目标，围绕产教融合开展系统性的制度安排，提出了产教融合的主要目标，构建了教育和产业统筹融合发展的格局。在《意见》中明确指出，强化行业协调指导，行业主管部门要加强引导，通过职能转移、授权委托等方式，积极支持行业组织制订深化产教融合工作计划，开展人才需求预测、校企合作对接、教育教学指导、职业技能鉴定等服务。

2018 年 2 月 5 日，教育部等六部门印发的《职业学校校企合作促进办法》中指出，行业主管部门和行业组织应当统筹、指导和推动本行业的校企合作，主要有以下四个方面：第一，行业组织要组织职业学校与企业组建职业教育集团，建立长期稳定的合作关系；第二，行业组织需要组织和指导企业提出校企合作意向规划，推进校企合作；第三，行业组织需要搭建校企合作信息化平台，实现信息共享；第四，行业组织需要监督和指导校企合作，为校企合作做好管理和服务。

2019 年 1 月 24 日，国务院颁布的《国家职业教育改革实施方案》(职教二十条) 中，在促进产教融合校企"双元"育人的背景下，共有五处提到了行业的指导作用：在第五条完善教育教学相关标准中，明确提出行

业组织要参与国家教学标准的制定；第七条中提到行业组织要引导企业深度参与技术技能人才培养培训，开展高质量职业培训；第十条提到职业院校和行业企业形成命运共同体，全面加强校企深度合作；第十四条指出行业组织要积极配合政府做好职业教育培训评价；第十七条指出完善政、行、校、企共同参与的质量评价机制，需要行业组织的积极参与。

2019 年 9 月 25 日，国家发改委等六部门出台的《国家产教融合建设试点实施方案》指出：必须坚持问题导向、改革先行，充分发挥城市承载、行业聚合、企业主体作用。在试点对象中，就有产教融合行业，在推动试点城市全面深化产教融合改革基础上，依托区域优势主导产业或特色产业集群，推进重点行业深化产教融合，强化行业主管部门和行业组织在产教融合改革中的协调推动和公共服务职能，打造一批引领产教融合改革的标杆行业。

这些文件的出台预示，在推动职业教育形成产教融合、校企合作、工学结合、知行合一的共同育人机制方面，推动教育链、人才链与产业链、创新链有机衔接，行业组织将被赋予非常重要的职责。

二、德国行业组织参与职业教育的模式

德国政府充分发挥政府的宏观调控作用，以法律法规来保障行业组织参与职业教育，发挥了行业组织在职业教育中的主导作用。行业组织具有权威性，是全体企业的代表，是连接企业和学校的纽带，负责协调企业和学校的关系。行业组织搭建产教融合的平台，让企业充分参与职业教育，企业和学校共同的目标和利益使产教高度融合，产业和教育互利共赢的模式培养出了大量的高水平技术工人，使德国制造业一直走在世界前列。

（一）行业组织是德国职业教育管理和监督的实施主体

德国职业教育管理分为三级：第一级是国家层面的职业教育管理，由联邦教育研究部负责，制定并颁布职业教育法律法规与条例、职业教育标准和行业职业培训章程等；第二级是州职业教育委员会州级层的职业教育管理，向州政府提供咨询和建议，协调并促进学校职业教育与企业职业教育的合作等；第三级是行业协会，德国《职业教育法》规定行业协会作为职业教育的主管机构，德国行业协会下设的职业教育委员会是参与职业教育的主要部门，由雇主代表、雇员和职业院校教师各6名代表组成，主要对职业教育实施过程进行管理和监督。德国职业教育的管理机构层级清楚、分工明确，行业组织具有权威性，是管理与监督职业教育的实施主体。

（二）德国的行业组织参与职业教育具有明确的法律保障

德国联邦政府、州政府、各行业组织相继颁布了一系列法律法规、条例和实施办法，如《职业教育法》《职业教育促进法》《职业培训规章》等，德国政府制定的法律保障框架，使行业组织参与职业教育有法可依，违法必究。德国的法律对行业协会参与职业教育和培训的责任和义务做了明确的规定。《职业教育法》中明确了行业组织在职业教育中的职业培训主管地位。行业组织除了自愿接受的培训任务以外，还接受法律规定的以及政府机构委托的职业教育任务。

此外，德国的法律赋予行业组织公法法人的地位，这一地位让行业协会能履行法律授权。德国的行业组织由于承担了政府委托的任务，并在履行任务的过程中具有间接行政管理的特征，因此行业组织被归入准行政机构，具有像政府一样的权威，能更好地履行任务。行业组织在参与立法、经济决策中的地位是公认的、制度化的，而不是随意的，是有一系列法律保障的。

（三）德国的行业组织参与职业教育具有规范的制度保障

德国行业组织参与职业教育的制度之所以配合默契，是因为具有规范的制度保障，一方面是行业组织管理制度，政府负责职业教育的调控、协调、指导和资助，行业组织负责职业培训的组织和管理，职业院校负责理论教育教学的实施；另一方面是决策制度，根据德国的法律，行业组织参与职业教育具有以下决策权：参与起草职业教育法、制定职业教育政策、审查企业职业培训、制定培训条例、确定职业院校的教学大纲等。

德国的行业组织不但为政府提供决策咨询，而且为企业提供服务，具有实质性和权威性，因此行业组织提供的职业培训受到企业的欢迎，它所组织的职业培训与考试以及所颁发的证书具有较高的可信度和可接受度，培训证书全国承认。德国的行业组织贴近企业，行业组织通过及时了解企业对劳动力技能的需求，做出职业培训规划，不断更新职业培训内容、职业培训方法以及设施，适应企业需求。

三、澳大利亚行业组织参与职业教育的模式

以行业为主导是澳大利亚 TAFE 学院职业教育的主要特征之一。行业引领职业教育，职业教育渗透行业，已经成为澳大利亚职业教育鲜明的办学特色。

（一）行业组织参与职业教育的宏观管理

2005 年，澳大利亚成立了国家行业技能小组（National Industry Skill Group，简称 NISG），其成员是联邦政府及州政府或地区的行业和行业组织代表，突出了行业具有职业教育的主导地位。行业技能委员会

（Industry Skill Councils，简称 ISCs）是澳大利亚行业参与职业教育的主要机构，其从不同的行业背景出发，研究市场对职业岗位技能的客观需要，为职业教育与培训改革提供指导意见。行业技能委员会协调政府和企业、学校和企业之间的关系，为政府和学校提供企业需求信息，向企业宣传政府政策，成为沟通政、校、企之间的桥梁，为实现产教融合创造条件。

（二）行业组织参与制定职业能力标准和构建职业资格框架

澳大利亚设有 10 个全国性的行业技能委员会，行业技能委员会是遵照法律规定并经过注册的非营利性组织，独立于政府，接受政府的监督，作为管理本行业的权威组织，拥有自己的行业章程。行业技能委员会负责本行业的就业需求预测和职业分析，制定职业能力标准，以及专业标准和课程标准。行业技能委员会由行业组织、行业专家以及企业雇主组成，制定国家能力标准，并根据市场需求变化进行修订。

澳大利亚根据行业技能委员会制定的能力标准体系，建立国家职业资格框架，该框架是资历、学分转换确认的国家权威机构，将学历教育、继续教育和多元化教育与培训，以及文凭和证书有机联系，形成国家教育与培训的统一的系统框架。职业资格框架用 12 级资历规定了初等和中等教育、职业教育与培训、高等教育的设立与贯通，明确了它们之间的关系和衔接。

（三）行业组织参与职业教育的专业设置、课程开发以及教育教学过程的实施

澳大利亚职业教育的行业组织在专业设置方面发挥重要作用，根据行业组织对人才数量及能力要求的预测，专业设置由地方教育部门和行业组织审核确定。在国家培训局的管理下，澳大利亚设有 21 个全国性行业培训咨询组织,这些组织进行本行业的就业预测和职业岗位分析,通过预测的数据,制定能力标准,向职业院校提供专业设置依据,这样职业教育就和市场需求紧密联系,人才培养符合市场需求。

在课程设置方面行业组织也起到了关键作用。课程设置以行业组织制定的能力标准和国家统一的证书制度为依据,并根据劳动力市场的变化来调整。澳大利亚的职业教育课程开发是以经国家培训局批准,行业培训咨询组织制定的培训包或者行业能力标准为依据,开发的课程内容具有针对性、实用性和市场性,培养的学生贴近市场,具有职业岗位技能,可以直接上岗。

澳大利亚行业组织积极参与职业院校的教育教学过程,由教学专家和行业专家共同组成教育专家委员会,履行教学研究、提出教学建议、进行专业和课程设置、评价教学效果等职能。教学内容要求联系企业实际,反映企业真实需求,根据行业组织制定的职业能力标准进行教学设计和教学质量评价。行业组织帮助职业院校与企业签订合作协议,建设实训基地,为学生实训和实习提供条件。在行业组织的支持下,澳大利亚建立了100多家由各种行业赞助的全国范围的模拟实训公司,供所有职业院校使用。

四、美国行业组织参与职业教育的模式

美国的一系列法律从立法上明确了行业组织参与职业教育的权力、途径与方法,要求社区学院与行业企业必须建立协作关系,职业教育实施的具体标准、办法和评价指标体系必须在行业组织参与下完成。美国的行业组织参与职业教育的积极性较高,主要通过以下几种方式参与职业教育实现产教融合:

（一）行业组织依靠自身影响力吸引利益相关者参与职业教育

由于美国行业组织具有权威性，对政府和一些关键部门具有影响力，它们维护企业利益，因此大部分企业愿意加入行业组织，行业组织也可以引导企业参与职业教育。

（二）行业组织通过制定技能标准参与职业教育

行业组织对本行业的市场需求、岗位要求、技术人才非常熟悉，每年发布行业报告，主导行业标准制定，企业和学校对行业组织具有一定的依赖，因此成为产教融合和校企合作的桥梁。美国国家技能标准委员会成员就是由来自行业组织的专家构成，该委员会制定的技能标准就是国家技能标准，行业组织一直被企业认可，同时也影响企业参与职业教育的产教融合。

（三）行业组织通过与政府互动或参与立法活动参与职业教育

在美国，行业组织是企业与政府沟通的桥梁，一方面，行业组织与议会、政府关系密切，行业组织代表企业与政府沟通参与立法活动，维护企业利益，协调政府与企业的关系；另一方面，行业组织也为政府及时提供行业发展情况，为政府立法和行政管理进行决策咨询。同时，政府赋予行业组织职业培训的权力，行业组织利用这一合法有效身份组织企业和学校参与职业教育和培训，促进产教融合。

五、加拿大行业组织参与职业教育的模式

行业组织在加拿大职业教育的发展中发挥着重要作用。加拿大的职业教育主要由社区学院来完成。1972年加拿大成立了社区学院协会（ACCC），各社区学院自愿加入协会。为了促进社区学院的发展，1997年加拿大成立了行业组织指导委员会，其由23个行业组织联合组成，

行业组织委员会的主要目标是提升加拿大各行业劳动力的质量，负责人力资源规划，制定行业标准和推进技术创新。通过行业组织委员会，行业组织可以顺畅地参与到职业教育的管理和发展中。

（一）行业组织成为社区学院与外界联系沟通的桥梁

一方面，行业组织向社会宣传社区学院，为社区学院获得更多的经济来源；另一方面，行业组织通过研究教育政策和梳理市场信息，及时向政府提供政策研究报告和向社区学院提供国内外社区教育的有关信息。

（二）行业组织与社区学院合作制订人才培养方案，共同开发职业教育课程

行业组织提供市场人才需求信息，通过从社会实际需求出发，以能力培养为基础开发职业教育课程，旨在传授学生实用知识和培养学生实践技能，通过使学生掌握这些知识和技能从而成为终身学习者，并为学生的就业与职业生涯奠定基础。加拿大社区学院的课程由"教育专家导向"向"行业专家导向"转变，在人才培养方案制订和课程开发过程中，行业协会和企业代表发挥主导作用，很好地把握了能力本位职业教育课程的实质。

（三）行业组织负责职业技能鉴定和职业资格认证

加拿大由行业组织负责制定各自行业的职业认证体系与职业资格标准。行业组织将各自行业的职业认证体系与社区学院的职业教育课程密切结合，社区学院的学生选修经行业组织确定的职业教育课程，考试合格后即可取得行业组织认可的职业资格证书。通过这种方式，行业组织在企业的人力资源需求与社区学院实施的职业教育与培训课程之间架起了一座密切联系的桥梁。

六、行业组织参与职业教育的国际比较与启示

通过不同国家行业组织参与职业教育的方式比较，我们发现行业组织在职业教育发展中具有非常重要的作用。行业组织参与职业教育势在必行，发挥的作用将会越来越大，我国还需要借鉴外国行业组织参与职业教育的经验，在以下三方面促进行业组织参与职业教育，实施职业教育改革方案。

（一）给予行业组织参与职业教育法律保障和利益保障

为了促使行业组织更好地参与职业教育，政府应加强和完善行业组织参与职业教育的法律制度建设，充分肯定行业组织在职业教育建设中的作用，明确其参与职业教育的法律地位和主体地位，提高其参与职业教育的积极性，明确其参与职业教育的责任、权利和义务，使行业组织能够合理合法地参与职业教育，具有法律制度保障，同时加强和完善行业组织参与职业教育的激励机制。

此外，政府应该为行业组织参与职业教育提供机构支持和经费支持，如鼓励和支持行业协会成立职业教育委员会，参与职业教育政策制定、负责行业人力资源预测、制订职业教育培训发展规划、开展行业职业资格标准制定、成立行业教学指导委员会、搭建产教融合平台等，以及人才培养方案、专业标准和课程标准的制定和教材开发等，鼓励行业组织积极参与职业教育，为产教融合、校企合作搭建桥梁。同时，促使行业组织和教育部门、职业院校寻找利益共同点，建立行业组织参与职业教育的利益机制，如政府给予参与职业教育的企业"金融＋财政＋土地＋信用"组合式支持。政府需要健全经费投入机制，尤其在产教融合和校企合作方面，要赋予行业组织权力和经费去实施，在人才培养、就业创业、技术创新、文化传承、社会服务等方面开展校企合作，通过项

目认证和典型成果推广，实施现代学徒制和 1+X 职业技能等级认证，提升职业教育质量。

（二）引导行业组织多样化参与职业教育建设

行业组织参与职业教育过程中主要扮演管理与服务的角色。政府主要负责战略规划、政策制定和依法依规监管，行业组织的作用主要在于推动企业和社会力量举办高质量职业教育，鼓励大企业举办职业教育，鼓励中小企业组建职业教育集团或者联盟，发挥企业办学主体作用。行业组织参与职业教育的形式多种多样，主要表现在人才需求预测、规范培训、完善教学标准、构建学分银行等方面。

1. 构建人才需求系统，根据人才需求的变化进行专业设置和课程安排

人才需求系统需要行业指导委员会组织搭建，真实反映本行业内每月、每季度、每年的人才需求变化，根据人才需求岗位变化来预测人才需求，及时把新技术、新工艺和新规范纳入教学标准和教学内容，精准对接人才培养方案的调整。根据人才需求的变化，优化专业设置，健全专业设置定期评估机制，专业目录原则上每 5 年修订 1 次，学校根据自身情况灵活自主设置专业。

2. 规范培训，提高职业培训质量

面对当前名目繁多的培训，行业组织需要规范培训，按照要求对教师、学生、员工和社会成员进行职业培训。行业组织需要引导企业深度参与技术技能人才培养培训，在专业建设、课程改革、实践教学等方面开展校企合作，全面提升教育教学质量。除了开展职业等级证书培训和考试外，行业组织在政府部门审批下，可以组织各种职业资格证书考试，这种考试需要在行业具有权威性并得到企业认可。

3.完善教学标准，发挥标准在职业教育质量提升中的基础性作用

国家教学标准是职业院校制订人才培养方案的依据，教育行政部门必须联合行业组织制定国家教学标准。按照产业需求与专业设置对接、职业标准与与课程内容对接、生产过程与教学过程对接的要求，行业组织需要完善专业目录、专业教学标准、课程标准、实训条件建设标准和顶岗实习标准，持续更新并推进，规范职业院校教学行为，发挥标准的作用，提升职业教育质量。

4.构建学分银行，实现学习成果的认定、积累和转换

行业组织协助教育行政部门加快推进"学分银行"建设，探索建立职业教育个人学习账号，实现学习成果可追溯、可查询、可转换。学历证书由教育行政部门颁发，职业技能等级证书由行业组织颁发，职业技能等级证书可以与学历证书进行学分互认：一方面，职业院校对取得职业技能等级证书的社会人员，支持其根据证书等级和类别免修部分课程，在完成规定内容学习后依法依规取得学历证书；另一方面，行业组织对接受职业院校学历教育并取得毕业证书的学生，在参加相应的职业技能等级证书考试时，可免试部分内容，从而有序开展学历证书和职业技能等级证书学习成果的认定、积累和转换，为技术技能人才持续成长拓宽通道。

（三）促进行业组织在1+X证书制度和现代学徒制建设中发挥积极作用

1+X证书制度和现代学徒制的实现离不开行业组织的参与。在《国家职业教育改革实施方案》启动1+X证书制度试点工作指导下，行业组织需要联合其他部门制定职业标准，依照职业标准开发教学标准，组织职业技能等级考试以及颁发职业技能等级证书。职业技能等级考试标准是行业内被认可的、能够真实反映职业技能水平的标准，分为初

级、中级和高级，具有递进晋升关系。职业技能等级证书可以真实反映职业活动和个人职业生涯发展所需的综合能力，所包含的课程和学分可以和学历证书的课程和学分进行置换。

行业组织在推动校企深度合作，打造一批高水平实训基地方面也将发挥重要作用。除了一些行业拥有大型企业以外，很多行业多是中小型企业，因此在校企合作方面，需要行业组织搭建桥梁，构建行业学院，推进现代学徒制就是实现产教融合较好的途径。专业群与行业组织签订协议构建行业学院，行业学院在人才培养、技术创新、就业创业、社会服务等方面开展合作，具有人才培养方案制订、职业技能培训、职业技能等级和资格认证、人才储备输送等功能，从而实现真正意义上的产教融合、校企合作、工学结合、知行合一，形成协同创新、合作共赢的局面。在行业学院内推行现代学徒制，一方面，学校与企业利用各自优势联合培养人才，学校为企业提供课程和师资等资源，企业利用资本、技术、知识和管理等生产要素参与校企合作，促进人力资源开发；另一方面，通过行业学院打造高水平实训基地，为实现现代学徒制创造条件。政府、企业和学校利用各自资源共建实训基地，具有企业真实生产、社会培训、实践教学和社会技术服务于一体的功能，提升校企合作育人水平。

第三节 "三螺旋"理论下现代产业学院的实施路径研究

2020年7月30日，教育部、工信部印发《现代产业学院建设指南（试行）》，指出坚持育人为本、产业为要、产教融合、创新发展，打造一批以区域产业发展急需牵引，面向行业特色鲜明、与产业联系紧密的现代产业学院。可见，在推动职业教育形成产教融合、校企合作、工学结合、知行合一的育人机制方面，现代产业学院被赋予非常重要的职责。

一、问题的提出

（一）研究文献回顾

1. 有关现代产业学院内涵的研究

吴显嵘指出，产业学院是一种校企联合创办职业教育机构的模式，是以学科或产业为载体建立集专业教育与职业教育于一体的办学机构。孙振忠提出，现代产业学院是采用企业化管理方式、现代化治理结构、市场化运行机制、综合化功能定位的创新型办学模式。高鸿指出，产业学院的本质内涵是集人才培养与培训、技术研发、社会服务等多功能为一体的一种新型产教深度融合的育人组织形态。专家学者们从不同的研究角度阐述了产业学院的内涵，虽然侧重点有所不同，但是内涵总体上是一致的。

2. 有关现代产业学院协同创新的研究

建设现代产业学院本质上是为了解决产教融合问题，因此，从产教融合角度研究现代产业学院协同创新成为重点。通过研究者的论述分析可以发现，目前关于现代产业学院协同创新的研究主要集中于理论与实践两方面，特别是广东、浙江等地高职院校和应用型本科院校在构建相关产业学院的实践中，积极探索其协同育人的运行机制和实践模式。

一方面，从产业学院协同创新的理论角度展开论述。欧阳育良等人认为产业学院是由政、校、企不同主体通过功能耦合、资源融合、利益共享建立起来的混合式实体，更加强调合作组织之间的相互吸引与相互补充来实现协同创新。万伟平提出,应通过在法律层面赋予产业学院独立性的法人地位,建立现代化的治理结构,优化产业学院的运行机制,构建多层次的能力提升机制,有效降低运行成本等方式来实现产业学院的协同创新。黄彬则认为现代产业学院知识协同生产的核心目标是开发新型课程,其开发的一般机理是有效对接企业需求、敏捷导入技术知识与经验、协同实施与过程优化、关注"增值"与持续改进,体现出产、学两个系统的融合创新。

另一方面,结合产业学院创建与运行,进行协同创新的实践探索。孙振忠、黄辉宇以东莞理工学院先进制造学院(长安)为例,论述了产业学院以产业需求为导向,紧贴区域经济发展需要,学校主导、政府导向、企业参与、协会桥梁,协同共建与运营的探索。朱艳峰等以城市地下管线产业学院为例,以适应城市地下管线产业发展为基点,在对接产业发展、构建运行模式、融合育人、质量保障和深化改革等方面做了相关探索。欧阳育良等结合中山职业技术学院的实践案例,论述了产业学院通过变革传统的组织体系,打破以专业学科组建二级学院的逻辑,以"产业—职业—专业"的复合逻辑优化专业体系,构建以平台为依托、项目为牵引、人员交叉流动的组织架构,探索建立以绩效为核心的二级学院激励机制,进而推动组织的转型。

3. 有关现代产业学院与三螺旋理论的研究

三螺旋理论诞生于亨利·埃兹科维茨和勒特·雷德斯道夫编写的《大学和全球知识经济:大学—产业—政府关系的三螺旋》一书。三螺旋理论从社会学的视角研究创新活动的组织与实现问题,认为大学、产业和政府作为社会活动的参与者,不仅是创新的要素,还是创新活动的主体;大学不仅是知识生产与转化的关键,还是知识空间、集聚空间和创新空间得以形成的关键。钟德仁从理论上分析了产业学院协同创新与三螺旋理论相结合，其通过对产业学院协同的可能性和运行管理模式进行三螺旋理论分析，提出进一步完善协同创新组织制度、利益分配制度和多元评价制度，实现校、政、企协同创新的共赢局面。郭湘宇等人尽管没有直接提出产业学院与三螺旋之间的关系，但是提出了产业学院在产教融合基础上"双主体、深融合"的建设模式，推动校企双主体育人、产教深度融合真正落地落实，将高职院校建设成为满足产业链需求的技术技能人才培养基地、职业教育师资培训基地、中小微企业技术研发中心。高鸿则认为，推进高职产业学院建设，应以服务区域产业链的专业群为纽带，以能力培养为主线推动人才培养模式变革，以多方优质资源共享为核心共建"产学研创"一体化平台，以现代化治理结构建设为保障，为区域产业经济发展提供专业化、综合型、创新性人才支撑，全面提升区域职业教育及产业发展的核心竞争力。

（二）问题的提出

通过梳理文献发现，关于三螺旋理论与现代产业学院的研究较少，还处于尝试阶段；现有研究还未把三螺旋理论与现代产业学院深层次融合，主要停留在探索阶段。总体来讲，目前关于现代产业学院的研究还存在一些不足，还有展开研究的空间：第一，关于现代产业学院协同创新的理论研究较少，未形成真正有价值的理论成果；第二，关于现代产业学院协同创新的研究极少，仍可跳出教育学的视角运用其他学科诸如经济学、管理学、社会学等方面的知识进行研究；第三，在产业学院实践探索中，目前的研究还未将政府、产业、学校真正协同，特别是对区域产业的融入研究较少，这也是目前产业学院协同创新亟须解决的问题。

　　根据《现代产业学院建设指南（试行）》，现代产业学院在创新人才培养模式、专业建设质量提升、校企合作课程开发、实习实训基地打造、高水平教师队伍建设、产学研服务平台搭建等方面较之以往都有全新的突破。然而，现代产业学院在建设过程中也面临着诸多问题，这些问题目前还困扰着现代产业学院向着既定目标前进。首先，在认识理念上，定位不明确。学校与产业将现代产业学院等同于二级学院或者企业实训基地，实际上，现代产业学院与二级学院在办学主体、人才培养、课程设置等方面都存在着较大的差别，如在办学主体上，企业应该是现代产业学院的办学主体，深入参与现代产业学院的运营，而不是起辅助作用。其次，在法人地位上，产权不清晰。现代产业学院是职业教育混合所有制改革的典型示范，但是在运行中难以维护自身独立性，缺乏必要的法律保障，处处受各种外部因素左右。这不仅仅影响了现代产业学院参与方的权利以及正常运营，更削弱了民间社会资本参与职业教育的积极性，不利于职业教育长远发展。最后，在内部治理上，治理结构不完善。现代产业学院在成立之初由于市场主体缺位，在管理中沿袭了较多传统行政化管理手段，存在行政化管理过重的问题，行政化的管理方式也透露出现代产业学院缺乏完善的现代法人治理结构，这一定程度上阻碍了现代产业学院的治理模式改革。

　　综观现代产业学院运行存在的问题，要摆脱传统的产教分离问题，就必须要着力解决政府、产业、学校之间的深层次融合问题。在现代产业学院中，政府、产业、学校扮演了非常重要的角色，如何利用三螺旋理论在产业学院中进行合理定位，探寻三者之间协同创新的路径，从而发挥最大社会效应是亟须研究的课题。

二、现代产业学院协同创新的逻辑机理

针对现代产业学院协同创新方面的困境，政府、产业和学校应通过资源共享融通、供需对接、利益融合、目标统一来实现协同创新，从而实现优势互补，实现各个共生要素之间的利益和信息交换。这种合作模式存在物质、资源和信息的流动，表现出生物学上的共生特性。现代产业学院需要资源共享、互利共赢、协同创新，为了共同的理想目标和价值追求，打破产业学院多元主体之间的隔阂与障碍，实现教育资源的有效供给和社会效益最大化：通过调节参与主体之间的利益分配，以利益共享为目标，以制度制衡为手段，将产业、学校和社会联合起来，实现体制性协同整合，通过多元共治实现战略协作与统筹服务。

在三螺旋理论指导下，现代产业学院的协同创新逻辑理念可归纳为"三方螺旋、四链融合、五业联动"：即政府、产业、学校三方螺旋（三方螺旋）推动教育链、人才链与产业链、创新链有机融合（四链融合），促使产业、行业、企业、职业和专业协同创新联动发展（五业联动）。如图3-1所示：

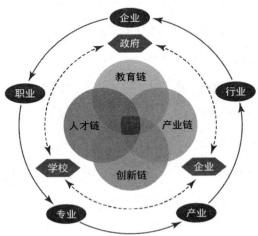

图 3-1　现代产业学院"三方螺旋、四链融合、五业联动"协同创新理念

（一）三方螺旋

三螺旋理论是协同创新的理论基础，明确政府、学校和产业协同主体之间的关系以及协同运行模式，成为进行多元创新合作的新范式之一，为产业学院奠定了理论基础。三螺旋理论是指政府、学校和产业三方通过协同创新，基于共同利益交织成螺旋状结构，形成彼此联系、促进的动态组织模式，三方通过横向和纵向合作与交流，促进创新资源不断整合和螺旋上升。现代产业学院是基于政、校、企共同人才培养目标在政府政策支持下三者耦合，是政府倡导下产教融合的人才培养模式之一。

三方螺旋中政府、产业和学校的主体各不相同，又为一体。政府的角色是为学校和产业提供政策支持，搭建校企合作协同创新平台，引导企业主动参与学校人才培养，实现校企资源共享，协同育人，为校企深度合作提供制度保障。产业的角色就是为学校培养人才提供产教融合和校企合作方案，为社会培养人才尽到社会责任和企业责任，与学校合作达到共赢局面。学校的角色就是从人才供给侧结构性改革，按照产业结构调整和市场对人才的需求，协同企业共同培养人才和科技创新，改革人才培养模式，提高人才的社会适用性。

三螺旋理论强调政府、产业和学校三者在动力驱动下，螺旋主体的组织边界彼此渗透并交叉融合，政策链、产业链和教育链协同创新。政府利用政策链驱动校企合作，助推产业转型升级。学校利用教育链引导产业转型升级，引入产业优质资源培养应用型人才，满足产业转型升级对人才的需求。企业利用产业链加速产业转型升级，同时需要政策链和教育链支持。政、校、企三者相互交融、相互依赖，呈现出"螺旋—协同—融合—上升"的态势。现代产业学院形成了以政府为主导、以校企为主体的协同创新模式，政府从政策上为现代产业学院提供办学环境，从现代产业学院组织制度顶层设计上，找到促进校企协同创新的着力点，充分发挥产业链和教育链的耦合效应，提升校企在现代产业学院协同创新和协同育人中的主体地位，实现校企创新资源有效配置。

现代产业学院超越了传统的双边融合，如校企融合、政校融合、政企融合等，将政策链、教育链、产业链有机地螺旋耦合起来。现代产业学院作为螺旋主体，承担人才培养、技术研发和社会服务等功能，实现以创新引领人才培养和技术研发，从而促进产业创新和技术创新，促使现代产业学院政、校、企协同育人三螺旋组织不断上升向更高形态演化。

（二）四链融合

教育链和人才链是现代产业学院中的人才供给方，产业链和创新链是人才需求方，如何深化产教融合，促进四链有机衔接，对推进人力资源供给侧结构性改革，提高教育质量，扩大就业创业具有重要意义。

从人才供给角度看，教育链是指由环环相扣的教育要素相互依存、相互制约、相互连接而形成的链式关系汇集而成的整体性教育系统，包括学科设置、专业设置、课程设置以及根据经济发展和科学技术发展布局而形成的人才培养方案等链条式关联形态。人才链是指为市场需求提供人才供给，适用于从产业链上游到下游的一系列人才，包括市场所需要的低中高端不同层次的人才。

从人才需求角度看，产业链是指同一个产业或相关上下游产业中从原材料到最终消费者的各个价值增值环节形成的链状系统，包括产品研发、设计、采购、加工、生产制造、物流、营销、客服、售后服务等环节。创新链是指创新成果转化为创新产品的链条，分为研究开发、生产试验、商业化与产业化三个环节。创新链是指技术的创造、开发与应用过程中各主体之间交互作用的非线性网状连接模式，包括基础研究、应用研究、实验发展、产品设计、工业生产、市场营销、售后服务等环节。总之，教育链和人才链根据产业链和创新链的需求来培养人才，服务社会；产业链和创新链的发展也非常需要教育链和人才链的支撑，两者相辅相成，相互促进，相互提升。

现代产业学院的组织形式把教育链、人才链、产业链和创新链四链完美融合，学校和企业深度产教融合，协同创新，打破组织边界，拓展组织功能，通过有效整合政府资源、市场资源、生产资源、知识资源，提高资源配置的效率，通过制度创新、组织创新和行为创新，激活校企合作的活力。

（三）五业联动

五业联动指的是产业、行业、企业、职业、专业联动，具体来说，指的是一种职业教育办学新模式。其根植于产业发展，对接行业和企业需求，服务职业岗位及个人职业发展需要，落地于专业建设。五业联动是落实产教融合、校企合作纵深发展的可靠载体，是推进现代职业教育高质量发展和服务经济社会的有效途径。五业联动通过协同创新，充分利用现有条件，对准人才市场供需矛盾，从供给侧着手优化和升级人才培养结构，培育创新五业联动的运营机制，有效提升技术技能型人才培养质量，更好服务社会经济的转型升级。这是社会经济可持续发展对职业教育的必然要求，也是职业教育供给侧结构性改革的内在逻辑。

一方面，从专业链正向角度看，产业、行业、企业、职业、专业组成了利益发展共同体，产业转型升级推动行业发展和企业改革，决定了新兴职业的产生，必然需要对专业人才培养方案进行调整，在五业联动形成的专业链中通过多元沟通和协调，从而推动产业—行业—企业—职业—专业向前发展。其从市场需求驱动职业教育供给侧结构性改革，学校根据社会经济发展和产业转型升级以及新型职业的要求，主动契合产业结构的变化，积极优化专业结构，提高人才培养质量，提升服务产业、行业、企业的能力。

另一方面，从专业链反向角度看，新增专业设置适应了新兴职业的发展，为企业提供了市场需要的人才，促进了行业发展，为产业转型升级提供了人力资源。专业在与产业、行业、企业的融合过程中，调整人才培养方案，通过五业联动搭建的"立交桥"培养学生的职业技能，主动适应社会需求，拓宽就业的弹性和自适应性。这种坚持就业导向，以人才供给为内驱力的供给侧改革，使职业教育人才供给链符合产业链的发展，从过去根据市场需求培养人才的被动人才培养转变为现在人才供给侧改革主动适应产业的需求。

三、现代产业学院协同创新的实践路径——以跨境电商产业学院为例

现代产业学院是校企合作的重要载体，深圳信息职业技术学院以国家骨干校建设为契机，电子商务专业群与深圳电子商务协会、深圳跨境电子商务协会签订合作办学协议，成立了华南地区第一家跨境电商产业学院。

（一）搭建权责利清晰的"两会一办"管理架构

在跨境电商产业学院中，深圳电子商务协会、深圳跨境电子商务协会（产业）与深圳信息职业技术学院（学校）通过协议明晰双方的权责利关系，具体见图3-2。清晰的权责利关系是现代产业学院能够发挥作

用的前提，基于这种关系，产业与学校组成利益发展共同体，既相互联动又相互制约，保证跨境电商产业学院正常高效运转。

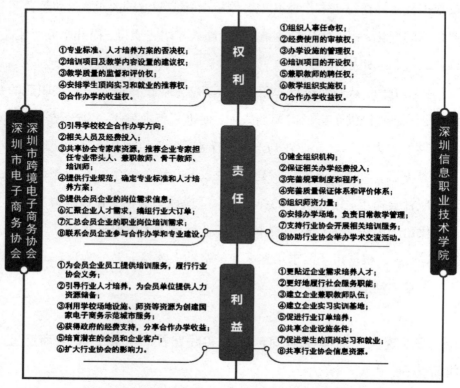

图 3-2　跨境电商产业学院办学双方的权责利关系

跨境电商产业学院以资源共享、优势互补、互惠双赢为原则，多方合作开展跨境电商人才培养和社会培训服务。学院下设企业联络部、项目管理部和企业培训部：企业联络部负责校企合作具体事务的联系和项目开发；项目管理部负责诸如行业人才培养订单班、实训实习基地、职业资格认证、职业技能培训鉴定和社会服务等具体合作项目的组织管理；企业培训部具体负责兼职教师团队、兼职教师工作站、企业名师工作室、在企业设立的教师访问工作站建设，并组织各类教学培训工作。在协同创新体制下，跨境电商产业学院成立了"两会一办"管理架构，即合作办学管委会、专业教学指导委员会和校企合作办学办公室。具体见图3-3。经过多方协商，跨境电商产业学院制定完善了《合作办学管委会章程》，并以此为纲制定了各级管理岗位的工作职责、项目管理办法和教师下企业实践等规章制度。

从管理运行上看，跨境电商产业学院实行企业化管理，独立运行，管理结构呈现扁平化，组织层级少，相较于学校多层级、行政审批手续烦琐而言，跨境电商学院的办事流程简化、决策速度快，学院运行效率高，为政府、产业、学校等多主体协同育人创造了良好生态环境。

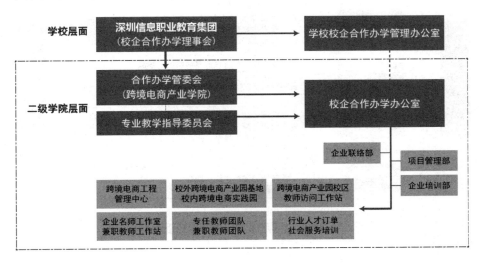

图3-3　跨境电商产业学院校企合作管理架构

（二）构建以产业服务为主导的协同创新运行机制

跨境电商产业学院作为现代产业学院的示范，是产教融合寻求突破的创新实践。现代产业学院的目的是培养适应现代产业转型升级所必需的应用型人才。这就需要现代产业学院在协同创新上以产业服务为主导，实现多方协同治理、产教深度融合。相比传统的产教融合方式，现代产业学院的典型特征是产业针对性。在三方螺旋中，政府、产业与学校三方驱动，相互融合、相互依赖，形成耦合效应，实现螺旋上升。在融合过程中，政府与学校以产业服务为主导，让渡部分权利，保证协同得以实施。跨境电商产业学院协同创新运行机制包括岗位需求调研机制、校企人才输送机制、实训基地共建共享机制、共建共享师资机制与社会服务共担共赢机制。具体见图3-4。

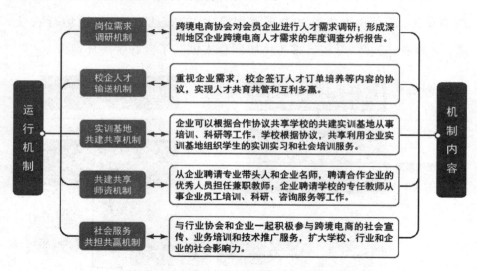

图3-4 跨境电商产业学院协同创新运行机制

（三）采用"双轨管理、双轮驱动、双师教学"协同创新人才培养模式

现代产业学院面向市场需求和职业岗位能力需求，着重培养学生的技术技能和创新创业能力，同时，引入产业标准培养人才，根据产业标准设置人才培养方案和课程体系，形成产业特色的人才培养模式。

跨境电商产业学院根据产业人才发展的需求,集聚产业优势和产业集群化生态优势,联合并遴选出一批具有代表性的、不同类型的企业、不同岗位(群)一线行业专家和学校优秀教师,共同实施基于产教融合的"双轨管理、双轮驱动、双师教学"新型学徒制人才培养模式。具体见图3-5。跨境电商学院进行行业人才订单培养满足企业细分需求,符合各方的利益。企业通过订单培养提前锁定了适合自己的人才,节省了人力资源成本,为企业发展提供了坚实的后盾。

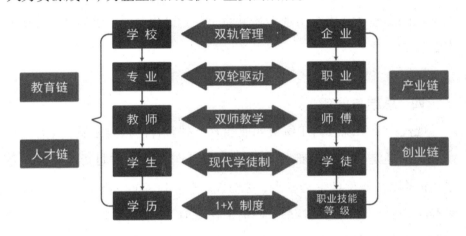

图3-5 "双轨管理、双轮驱动、双师教学"人才培养模式

(四)打造协同创新利益共同体

借助协会的桥梁作用,共建产业园校区和校内外工作站,在合适的会员企业中建立了产业园校区,制定《跨境电商产业学院产业园校区管理制度》,落实了产业园区办学场地,办好产业园校区("园中校"),为订单班教学、实训实习提供支持。同时,整合校内实训基地和人才培养基地,构建了校内的跨境电商实践园("校中园")。这不仅为本校学生的实践教学和企业的日常业务运作提供了服务,而且为大型企业电商活

动提供支持，为跨境电商企业职工、个体工商户的网店运营与创业等培训服务提供支撑。

在新的办学体制下，通过现代产业学院，校企双方互设"工作站"，整合共享师资资源；依托行业协会，联合组建了"深圳市电子商务协会龙岗服务中心"，实现了社会服务常态化。同时，与行业协会共建职业技能鉴定（认证）项目，在校内外工作站实施阿里巴巴跨境电商人才三级认证，完成了企业员工以及社会人员的跨境电商运营技能培训，扩大学院的影响力，从而实现人才共育共管、过程共管、成果共享、互利多赢。

四、总结与展望

现代产业学院致力于解决职业教育产教融合的根本矛盾，其无论是在理论上还是在实践上都将现代职业教育产教融合推向新的高度。总之，笔者以三螺旋理论为基点，对现代产业学院协同创新的逻辑机理与实践路径做了尝试性的探索，特别是在政府、产业、学校三方之间的权责利关系、协同创新机制以及人才培养模式等方面提出了新的思考。然而，现代职业教育产教融合的根本矛盾是政府、产业、学校三方之间的目标、利益与价值存在分歧。现代产业学院如何利用协同创新从深层次解决政府、产业、学校三方的分歧与矛盾是未来需要继续深入探索的方向。

实践篇

第四章　粤港澳大湾区职业教育协同创新发展

第一节　粤港澳大湾区职业教育协同创新发展的路径研究

中共中央、国务院印发的《粤港澳大湾区发展规划纲要》中明确指出，要推动粤港澳大湾区教育合作发展，打造粤港澳大湾区教育和人才高地。在职业教育方面，推进粤港澳职业在招生就业、培养培训、师生交流、技能竞赛等方面的合作，创新内地与港澳合作办学方式，支持各类职业教育实训基地交流合作，共建一批特色职业教育园区；支持澳门建设中葡双语人才培训基地，发挥澳门旅游教育培训和旅游发展经验优势，建设粤港澳大湾区旅游教育培训基地。

粤港澳大湾区的发展迫切需要发展高水平职业教育，以培养数量充足、能力过硬的技术技能人才作为支撑与保障，实现粤港澳大湾区产业和教育生态圈的融合。粤港澳三地职业教育各具特色，优势突出，加快粤港澳大湾区职业教育合作，有利于实现粤港澳三地职业教育资源共享、优势互补、协同创新、合作共赢，为粤港澳大湾区建设提供强有力的应用型人才支撑。

一、粤港澳大湾区职业教育协同创新发展的理论基础

协同创新起源于"协同学"，由德国赫尔曼·哈肯教授提出。协同学就是研究一个由大量子系统以复杂方式相互作用所构成的复合系统，在

一定条件下子系统间通过非线性作用产生协同现象和协同效应，使系统形成有一定功能的空间、时间或时空的自组织结构。协同创新源自拥有共同目标的参与者组成虚拟化网络小组，应用网络工具进行沟通交流以实现共同的目标。

在知识经济时代，一个设计良好并可扩充演化的体系结构，可以随着市场一起发展，为合作对象提供一种稳定的固定节点并作为辐射状、长期存在的合作平台。协同创新理论体现了系统权变的思想，随着参与协同各个主体关系的不断深化和发展，协同创新的模式从点对点、线对线的合作方式逐步趋向网络化、一体化的发展模式，各创新主体基于共同的目标，具有动态性、互补性、持续稳定的合作共生关系。协同创新是一种独特的、混合性、多元跨组织的关系，由于其跨组织结构关系在目标设置上具有协同性质，可以提高技术创新的有效性。

粤港澳大湾区职业教育系统包含广东省职业教育子系统、香港职业教育子系统和澳门职业教育子系统，系统要素包括政府、学校、行业、企业、科研机构等，各子系统要素之间相互作用、相互影响和相互促进，通过协同创新产生协同效应，从而促使各方发生积极的改变。粤港澳大湾区职业教育系统主要特征表现为整体性和动态性。创新生态系统是各种要素形成的有机集合，其存在的方式、目标、功能都表现出统一的整体性，而且是不断动态变化的。在动态变化过程中不断地将资源进行完善和优化，当外部环境达到一定条件，系统内部就会产生从量变到质变的飞跃，从而产生协同效应，使系统从无序变为有序，实现资源优化配置，推动创新的形成。粤港澳大湾区职业教育系统各要素之间的协同创新发展和相互作用是系统演化发展的内在动力，同时，该系统与外界环境不断进行物质能量和信息的交换，从而保持整个系统的协调运行。

二、粤港澳大湾区职业教育协同创新发展的现状

粤港澳大湾区由于地理位置濒临，地域文化相近，职业教育之间的交流合作较多，在招生就业、培养培训、师生交流、技能竞赛等方面开展了形式多样的合作。

1. 在招生就业方面，粤港澳三地的交流与合作日益频繁

招生方面，广东省的职业院校很早就开始招收港澳的学生。如深圳职业技术学院是最早获得单独招收港澳学生资格的，从 2004 年开始至今，共招收港澳学生 400 余人；广州民航职业技术学院和广州番禺职业技术学院也陆续获得了招收港澳学生的资格。珠海卫校每年均招收港澳学生，并为他们减免学费，提供考证、升学、实习和就业的支持。而港澳的职业院校里也有很多来自广东省的学生，如香港职业训练局辖下的香港高等科技教育学院招收的内地学生中广东省学生占近六成。

在就业方面，广东省为港澳地区提供了充分的人才供给，如广州铁路职业技术学院每年为港铁提供 20 名左右的毕业生，肇庆医专及其附属卫生学校分别向澳门工会联合总会下属医疗机构、澳门母亲会护理安老院等每年提供护理毕业生 10 多名，澳门镜湖医院每年通过审核简历、专场面试、择优录用招聘珠海卫校 30 人，录用期限 2 年以上。

2. 在培养培训方面，开展多种形式的交流和合作

培养培训是粤港澳大湾区职业教育交流与合作的重要组成部分，而且形式多样，主要表现为：合作办学、合作培训、实训基地交流合作、行业人才标准制定等。

在合作办学方面，粤港澳三地职业教育各具特色，积极发挥自身优势，创新合作办学方式，为粤港澳大湾区建设提供强有力的应用型人才支撑。如深圳职业技术学院与香港专业教育学院于 2008 年合作开展

"电气服务工程（高级文凭）"项目，合作内容为深圳职业技术学院在香港招生，两地培养，两地颁发证书，开办电气服务工程专业，提升了学校的教学标准和办学水平。

在合作培训方面，粤港澳大湾区技能人才培训方面的交流合作日益增多，从"去港澳"培训到"为港澳"培训，进一步推动了粤港澳大湾区人才互融。为对接大湾区以轨道交通为主的综合交通网络建设人才需求，广州铁路职业技术学院近年来为香港铁路有限公司举办接触网工、列车调动员培训班等6个，积累了一定经验，为今后全面服务香港地区轨道交通人才技术技能培训，全面支撑大湾区轨道交通建设人才需求指明了方向。

在实训基地交流合作方面，部分高职院校已经积极开展了与港澳企业的校企合作项目，通过共建校外实习基地、顶岗实习和短期培训等途径，协同育人，取得了一定的成效。如广东科学职业技术学院与澳门多家企业建立合作关系，签署了合作协议，共同开展了顶岗实习，共建校外实训基地，联合举办职业技能大赛、"项目班"，校外兼职教师的引进与兼职专业带头人的培养，共同参与国家级环艺专业教学资源库建设，并以澳门为窗口与桥梁，积极组织境外游学、访学与研修等项目，每年为澳门企业定向输出环境艺术设计人才。

在行业人才标准制定方面，以人工智能为核心的新一轮科技革命和产业革命对职业教育形成重大挑战，职业教育必须在人工智能背景下进行转型，粤港澳大湾区职业院校已经合作开展人才培养标准和职业能力标准的制定，为粤港澳大湾区产业发展提供人才和智力支撑。如广东轻工职业技术学院与粤港澳大湾区内高职院校、广东省物流协会、香港物流协会共同发布"一带一路""北斗+"智慧物流全国高职人才培养《广州共识》，制定"北斗 +"智慧物流标准以及"北斗 +"智慧物流人才培养体系标准。

3. 在师生交流方面，粤港澳大湾区职业教育实施"走出去"和"请进来"并举

积极"走出去"，广东省教育部门多次组织职业院校校长、专业带头人赴港澳地区交流培训，如实施"广东省中等职业学校校长赴香港培训项目""中等职业学校商贸类专业带头人赴香港培训项目"等，深入了解和学习香港职业教育办学经验，加强双方交流研讨；广东省多所高职院校积极组织教师及管理人员赴香港职业训练局开展学习培训，获得"悉尼协议认证"证书。

努力"请进来"，借力港澳职业教育智力资源。在《广东终身教育资历框架等级标准》及职业院校专业课程标准开发中积极邀请港澳地区职业教育专家参与，不少职业院校聘请了港澳地区能工巧匠担任学校顾问或客座教授，开展专题讲座。广东技术师范大学还牵头组建了粤港澳大湾区职业教育教师发展联盟，通过与香港职业训练局、澳门职业教育机构紧密合作等方式，大力打造职教师资培养培训的工作品牌，培养了数以万计的职业教育师资，切实提升了职业教育教学水平，加快了大湾区职业教育内涵式发展。

4. 在技能竞赛方面，粤港澳大湾区搭建职业技能竞赛平台，促进交流

粤港澳大湾区通过举办技能大赛，搭建交流平台，互相学习，共同进步，同时也促进职业标准的统一和职业资格证书的互认。粤港澳大湾区已经连续多年举办穗港澳蓉青年技能竞赛，成功举办穗港澳职业院校技能节，集比赛、展示、交流、互动于一体，有效促进湾区人才技能交

流。2018年由香港工会联合会、广东省总工会和澳门工会联合总会联合举办的粤港澳大湾区首届职业技能大赛在香港启动，此次大赛包括三项比赛：焊接大赛、中式厨艺大赛、发型化妆大赛，活动旨在推动大湾区内多个城市的行业交流和发展，促进从业人员提升技能，更好地为大湾区服务。

5. 在粤港澳大湾区发展规划下，成立粤港澳大湾区职业教育产教联盟

粤港澳大湾区职业院校精准对接粤港澳大湾区产业发展的需求，产教融合，精准育人，积极开展校企合作，深圳信息职业技术学院组织成立了粤港澳大湾区职业教育产教联盟。职业教育产教联盟是由粤港澳大湾区的职业院校、行业企业、教育机构自愿组成的非政府、非法人、非营利性民间团体，充分调动行业企业参与职业教育的积极性，推动产教融合和校企合作，发挥政府、学校、行业、企业各自的资源优势，优化资源配置和功能整合，提高职业教育服务的针对性，服务粤港澳大湾区经济社会发展，从而实现资源共享、优势互补、协同创新、合作共赢。

总体来看，粤港澳大湾区职业教育的合作虽取得了一定成果，为粤港澳大湾区职业教育的协同创新发展奠定了良好的基础，但仍存在一些不足。目前的合作还处于一个松散、短期、局部、低层次的初步合作状态，缺乏一种长期有效的全方位合作机制来推动粤港澳大湾区职业教育合作的进一步发展。

三、粤港澳大湾区职业教育协同创新发展存在的问题

随着《粤港澳大湾区发展规划纲要》(以下简称《纲要》)的颁布，广东省正全面推进大湾区建设。根据《纲要》要求，三地要打造大湾区

教育与人才高地，为此广东职业教育正全面推进与港澳职业教育的合作交流，虽然已经取得一些成就，但是在协同创新发展方面还是存在一些问题。

1. 统筹规划和顶层设计存在制度难题

粤港澳大湾区职业教育方面的合作大多停留在地方政府和民间层面，缺乏国家层面的制度设计。粤港澳三地以行政区划为界，在各自的管辖范围内纵向运行，有规律可循，但三地的横向协调难度较大，客观上使得大湾区职业教育深入交流合作总体成效尚不显著。目前在办学方向、专业布局、合作领域等方面存在差异，导致在处理职业教育合作交流问题上推进缓慢。广东省职业教育各学校归属不一，省属、市属、部门办学等交叉运行，现行体制下，资源共享和利益分配难以协调，沟通成本大，效率低。

2. 学历学分和职业资格互认存在障碍

粤港澳大湾区职业教育总体学历学分和职业资格互认存在障碍，将对双向招生就业和师资互聘、课程资源共享等产生严重影响，虽然个别学校已进行港澳招生，但在总体上进展缓慢。由于内地办学方向、人才培养目标的差异，体现在人才培养方案中个别课程学分较难互认。港澳职业教育总体水平和国际化程度较高，与当地社会经济及产业结构联系紧密，对广东省职业教育学历没有完全认可。虽然在个别国际通行的职业资格证书互认上已经有所突破，但三地大部分职业资格证书的取得标准有所不同，职业水平也参差不齐，互认困难，影响了双向就业。

3. 广东省与港澳地区交流合作的积极性和主动性存在差异

从目前的合作项目及规模来看，粤港澳大湾区职业教育合作的积极性和主动性有差异。香港和澳门职业教育的国际化视野仍然是内地所不具备的, 所以广东省职业教育在与港澳职业教育交流合作时比较主动。港澳经济主要以第三产业为主, 在职业教育领域所开设的专业大部分与第三产业有关, 属于第三产业的专业占 85% 以上。广东各地职业院校的职业教育所设专业基本是在广东省产业布局的基础上进行设置和调整。广东省职业教育重点发展专业与港澳院校专业的匹配度不高, 交流合作的空间相对有限。港澳在职业教育合作交流时比较被动, 只是有选择地开展一些项目。目前港澳职业教育在与内地合作交流的项目中, 港澳职业教育有合作的积极性和主动性的领域主要放在内地产业技术基础雄厚、市场规模大同时也是港澳职业教育相对比较薄弱且有一定就业空间的专业, 如飞机维修、轨道交通、电机工程、航海(游艇)、护理等专业的招生、就业、培训、技能竞赛等方面有一定突破, 进展较为顺利, 成效明显, 而其他专业交流合作不多。

4. 交流合作缺乏深度和广度

粤港澳大湾区处于不同社会制度、文化背景下, 政府及相关部门行政运作的特点和规律均有不同, 在与内地合作问题上效率不高。广东省职业教育在与港澳职业教育交流合作过程中各学校"单打独斗"比较普遍, 没有形成广东省职业教育与港澳职业教育交流合作的生态圈。在学历教育、培训、师生交流、就业等方面突出表现为师生短期考察交流多、合作办学少, 签署协议多、项目落地少。粤港澳大湾区师资缺乏交流, 大多只是短期培训, 很少有广东省职业教育院校教师去港澳访学, 港澳职业教育院校教师也很少来内地授课。

5. 要素流动不畅通

要素流动不畅通制约了粤港澳大湾区协同创新能力的发挥。一方面是人才的流动缺乏制度保障和鼓励性政策。随着《纲要》的出台及强力推动，粤港澳大湾区的校际交流必然明显增加。但是，学校管理人员和教师赴港澳因公签证办理时间长、效率低，赴港澳学习交流和实习学生签证问题有待解决。另一方面，技术研发、项目经费等要素在交流合作中也会遭遇制度障碍。

四、粤港澳大湾区职业教育协同创新发展的实践路径

世界级的大湾区需要世界级的职业教育与之匹配。作为粤港澳大湾区教育体系和人力资源开发重要组成部分、教育高地的重要建设领域，大湾区职业教育要围绕粤港澳大湾区高质量建设发展，着眼于区域群体，发挥各自优势和特色，实现优势互补、协同发展。要寻求基于优势互补的利益共同点，通过体制机制创新、政策制度保障、资源整合提升，搭建粤港澳大湾区职业教育交流合作平台，形成一体化的利益共同体、发展共同体，实现粤港澳大湾区职业教育与区域经济社会的协调发展，为粤港澳大湾区建设发展提供高质量的技术技能人才、社会培训、技术研发服务等支撑。

广东省的职业教育规模大，专业覆盖面广，港澳的职业教育与产业和人才需求市场联系紧密，国际化程度高，优势专业明显。在粤港澳大湾区职业教育研究的基础上，通过充分调研，笔者提出"1+2+5"建设方案，即"一项机制，两大平台，五大举措"的粤港澳大湾区职业教育协同创新发展实践路径。

1. 完善粤港澳大湾区协同创新机制建设

（1）建立"粤港澳大湾区职业教育合作发展框架协议"。粤港澳三地在招生就业、培养培训、师生交流、技能竞赛、实训基地等方面达成合作发展协议。

（2）建立粤港澳职业教育定期会商机制。每年会商一次，会商时间定在粤港澳教育合作专责小组会议之前 1—2 天。

2. 构建粤港澳大湾区职业教育资源共享平台

（1）构建粤港澳大湾区产教联盟。推进"粤港澳大湾区职教联盟""粤港澳大湾区文化创意产教联盟"和"汽车职业教育国际合作联盟"等组织的活动开展。

（2）建立特色专业联盟。根据粤港澳三地的职业教育情况，以澳门旅游学院为中心建立粤港澳大湾区旅游专业联盟、以香港知专设计学院为中心建立粤港澳大湾区设计专业联盟、以顺德职业技术学院为中心建立烹饪专业联盟等，搭建平台，资源共享。

3. 推进粤港澳大湾区学历学分互认

（1）研究制定"粤港澳大湾区学历学分互认办法"。推广以深圳职业技术学院与香港职训局共建的"粤港澳大湾区特色职业教育园区"分别给学生发毕业证的模式，在广州铁路职业技术学院轨道交通专业和广州民航职业技术学院飞机维修专业试点学历学分互认。

（2）研究制定统一的人才能力标准指标和能力等级。在国家推行"1+X"制度下，借鉴香港职业教育的职业技能等级制度，在工业设计、珠宝鉴定、旅游管理、烹饪等共有的专业，设计技能等级，先将行业的专业职业技能进行归类，并依照这些分类制定主要职能范畴，再依照职能范畴，研究每个职能范畴的能力和每个能力的学时，并以学时的数量来量定职业能力的资历级别，进而设计相应的职业课程内容。

（3）制定统一的职业资格证书制度。参照国际标准内容，结合行业企业实际情况，设计公认的职业资格证书，推行一试三证。

4. 加强粤港澳大湾区招生就业合作

（1）鼓励港澳青年到内地学校就读。为港澳学生提供签证和生活便利，同时鼓励广东省职业院校赴香港、澳门参加教育展，扩大招生规模，招收香港、澳门保送生或者通过留学金奖励制度吸引港澳学生，推进招收港澳学生试点。

（2）鼓励广东省职业院校学生赴港澳交流学习。通过合作办学、联合培养的方式招收学生赴港澳学习，以及为学生专升本港澳高校提供通道，推进广州番禺职业技术学院与香港专业教育学院、香港浸会大学开展合作办学，开展市场管理学、网络及零售管理专业的专升本合作。

（3）引入企业资源培养学生，提高学生技能，促进学生就业。推动广东轻工职业技术学院与唐宫饮食集团合作，招生规模在100人左右。推动广东交通职业技术学院、广州铁路职业技术学院与港铁集团"订单班"工作以及"现代学徒制"试点。

5. 推进粤港澳大湾区合作办学项目

（1）鼓励广东省职业院校继续为港澳地区培养制造产业人才。推进深圳职业技术学院与香港专业教育学院开展"电机工程高级文凭"项目；推动广州民航职业技术学院与香港高等科技教育学院航空工程专业建设；在现有基础上推进广东交通职业技术学院与香港汽车工业学会开展汽车后市场职业考证培训与鉴定工作，以及与香港高等教育科技学院开展新能源汽车合作项目。

（2）利用港澳的优势产业，支持港澳职业院校为广东省培养服务产业人才。推进广东科学职业学院与澳门国际设计联合会合作，培养环境艺术设计专业人才；广东轻工职业技术学院与澳门会展旅游文化业协会签订项目设计、师生培训实习合作协议，开展会展策划、展览展示等项目指导。

6. 采取多种方式促进粤港澳大湾区师生交流

（1）构建粤港澳大湾区职业教育教师培训联盟，开展粤港澳大湾区教师交流、培养、发展项目。定期举办粤港澳大湾区师资培训项目，组织教师赴港澳进行培训进修，同时引进港澳优秀的职业教师来内地授课，分享课程建设、专业建设以及教学管理等方面优秀的教学方法和手段，推进大湾区师资队伍共同发展、人才合理流动、共享发展经验，积极引导粤港澳职业院校围绕教师教学理念与方法、教师发展与师资队伍建设进行交流和研讨，让类似的交流和研讨常态化，扩大高层次人才在师资队伍建设中的辐射作用。

（2）鼓励粤港澳三地大学生创新创业，设立创新创业中心和创客空间。通过设立创新创业基金，开展粤港澳学生交流营、大湾区创客节、学生创客训练营、创新创业大赛等活动，搭建各种平台，为师生交流提供机会。

（3）通过举办丰富多彩的文化交流活动加强师生交流。开展粤港澳大湾区职业教育年度活动，举办粤港澳大湾区职业教育论坛，举行大湾区演讲比赛及文化交流活动和粤菜师傅人才培养展示交流活动。

（4）继续开展粤港澳"姊妹学校"结对活动，形成一批交流品牌项目。粤港澳职业院校通过各自的教育管理部门各自出具一份有意向结对的学校名单，根据学校意愿进行结对，并将结对名单报粤港澳合作专责小组备案。

7. 打造独具特色的粤港澳大湾区职业技能竞赛交流平台

（1）积极搭建粤港澳大湾区技能交流平台。制定粤港澳大湾区职业技能竞赛管理办法，使湾区技能大赛常态化、规范化、制度化。鼓励广东省职业院校参加港澳举办的各项职业技能赛事，使技能竞赛成为技能交流、技能提升的重要平台。

（2）举办粤港澳大湾区特色职业技能竞赛。根据产业发展需求和企业发展实际，结合粤港澳三地专业设置情况，设计湾区技能大赛赛项。邀请粤港澳地区各行业的能工巧匠、技能大师、行业领军人物和国际、国内知名企业参与技能大赛，引入企业新设备、新技术、新工艺、新材料，设计竞赛内容。

8. 支持粤港澳大湾区实训基地交流合作，共建特色职业教育园区

（1）共建职教园区。积极支持有条件、有意愿的地市与港澳合作，共建"粤港澳大湾区特色职业教育园区"，探索中职、高职、应用型本科（湾区科技大学）贯通培养模式。

（2）共建大湾区实训基地，引导职业院校和港澳企业开展合作，产教融合，为粤港澳大湾区企业服务。支持广东省职业院校与港澳地区行业企业、职业院校等合作，通过广东交通职业技术学院飞机维修专业、顺德职业技术学院制冷专业等现代学徒制、产业学院等改革，提升办学水平和人才培养能力；通过广州铁路职业技术学院与"港铁"订单培养或跨地区办学，服务港澳地区产业发展要求，提供高素质技术技能人才。

（3）支持澳门建设中葡双语人才培训基地。鼓励广东省职业院校加入澳门高教局成立的"培养中葡双语人才联盟"，改革及建立双语人才培养模式，利用联盟平台开展各项葡萄牙语人才培养项目，加强各方信息互通，为教师提供培训。

（4）支持澳门建设粤港澳大湾区旅游教育培训基地。通过建立粤港澳大湾区旅游教育联盟，把粤港澳大湾区旅游教育相关专业集中起来，在澳门开展旅游教育培训,举办旅游教育方面的各项活动,筹办粤港澳大湾区旅游教育技能大赛、粤港澳大湾区旅游教育师资培训等。利用澳门旅游学院等资源,加强两地课程合作。以澳门旅游学院为中心,融合澳门相关职业教育机构的优质课程资源,共同探讨启动"学历证书+若干职业技能等级证书"制度(1+X证书制度)试点工作。

第二节　粤港澳大湾区职业教育协同创新系统发展策略研究

中共中央、国务院印发的《粤港澳大湾区发展规划纲要》中明确提出,推进粤港澳职业教育的合作,尤其在培养培训、师生交流、招生就业和技能竞赛等方面的合作,不断创新粤港澳合作办学方式,加强各类职业教育实训基地的交流合作,打造一批特色职业教育园区。广东省在贯彻落实《粤港澳大湾区发展规划纲要》实施意见中指出,推进粤港澳职业教育合作,建立职业教育共享机制,共谋湾区教育的高质量发展。十九大报告中也提出"加快粤港澳大湾区建设要求,扎实推进产教融合、校企合作,培养新时代、新产业、新技术要求的高素质技能人才"。协同创新发展是粤港澳大湾区职业教育精准对接粤港澳大湾区经济社会发展需求的必然选择。

一方面,区域产业结构升级要求粤港澳大湾区职业教育协同创新发展。职业教育为粤港澳大湾区经济发展和产业结构调整提供技术技能型人力资源支撑,是粤港澳大湾区发展的重要基础。基于粤港澳大湾区不同的产业集群,可以形成优势互补的产业结构,为职业教育的协同创新发展提供了机遇，目前粤港澳大湾区形成了先进制造业和现代服务业双轮驱动的产业体系，产业结构的升级亟须高素质高技能人才。

另一方面，发挥区域协同效应要求粤港澳大湾区职业教育协同创新发展。粤港澳三地以往的教育合作立足于各方的自身利益，向对方寻求帮助和支持，这样的合作不深入，合作成效不明显，难以持续。当前粤港澳大湾区职业教育缺乏长远性规划和制度性安排，交流合作比较零散，合作层次和水平普遍不高，局限于某个项目的合作，缺乏全局性。由于粤港澳三地在教育体系和制度等方面存在差异，交流合作仍然存在很多障碍，因此构建粤港澳大湾区协同创新发展的系统模型和探索协同创新发展的路径尤为必要。

一、粤港澳大湾区职业教育协同创新系统的构成

在"湾区意识"下建立粤港澳大湾区职业教育新型合作关系，推动湾区职业教育协同创新发展，是新时代粤港澳大湾区职业教育合作发展的新阶段。粤港澳大湾区职业教育协同创新发展就是在认清各自优劣的基础上，优势互补开展深度合作，取得最优的合作成效，在合作过程中各方受益，形成良性发展。

1. 粤港澳大湾区职业教育协同创新系统的内涵

协同创新起源于"协同学"，由德国赫尔曼·哈肯教授提出，协同就是研究一个复合系统，这个系统由大量子系统以复杂方式相互作用所构成，在一定条件下子系统间通过非线性作用产生协同现象和协同效应，使复合系统形成有一定功能的空间、时间或时空的自组织结构。协同创新（collaborative innovation）的本意指的是由自我激励的人员所组成的网络小组形成集体愿景，借助网络交流思路、信息及工作状况，合作实

现共同的目标。粤港澳大湾区职业教育协同创新发展就是为了实现粤港澳大湾区职业教育合作共赢的目标，通过分工协作和有效合作整合粤港澳大湾区职业教育资源，促进职业教育与区域经济的协同创新发展，从而为粤港澳大湾区的发展提供高技术技能人才保障。

粤港澳大湾区的经济社会发展需要与之相适应的区域职业教育系统支撑。粤港澳大湾区职业教育系统分为三个子系统：广东省职业教育子系统、香港职业教育子系统和澳门职业教育子系统，要素包括政府、学校、行业、企业、科研机构、中介机构、学科、实训基地等，各子系统要素之间相互作用、相互影响和相互促进，通过协同创新产生协同效应，各方积极改变。粤港澳大湾区职业教育体系各要素之间既有内部的相互关系，也有内外沟通的关系，在结构空间上，表现出组合的多样性；在系统功能上，呈现出关系的协调性；在时间脉络上，体现出演化推进的特征。

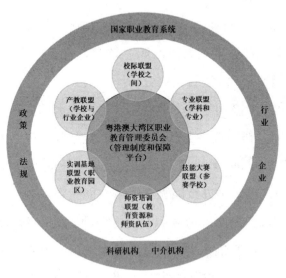

图 4-1　粤港澳大湾区职业教育协同创新系统

2.粤港澳大湾区职业教育协同创新系统的结构

粤港澳大湾区职业教育内部结构优化、各类要素协同创新是粤港澳大湾区职业教育体系建设的关键。粤港澳大湾区职业教育通过院校之间的有效合作和各类要素的有效协同，形成多元立交的网络架构，满足粤港澳大湾区经济发展的要求。粤港澳大湾区职业教育系统在国家职业教育系统的统领下，如图4-1所示，以粤港澳大湾区职业教育管理委员会为中心，构建六大联盟：校际联盟、专业联盟、技能大赛联盟、师资培训联盟、实训基地联盟和产教联盟，形成协同创新的"1+6"网络结构。粤港澳大湾区职业教育体系的各个要素构成区域协同创新网络：

（1）粤港澳大湾区职业教育管理委员会是协同创新网络的核心，由广东省教育厅和港澳职业教育行政管理部门组成，负责粤港澳大湾区职业教育的规划和顶层设计，制定管理制度，搭建沟通协调平台，保障粤港澳大湾区职业教育政策的实施。

（2）学校之间形成校际联盟。粤港澳大湾区各相关学校之间形成校际联盟开展活动，在粤港澳大湾区职业教育管理委员会的统筹安排下，开展姊妹学校结对活动，进行交流合作。

（3）学科和专业之间形成专业联盟。粤港澳大湾区不同学校的相同学科和专业之间合作形成专业联盟，专业联盟之间可以举办各种形式的活动，如职业技能培训、职业资格认证以及职业技能大赛等。

（4）粤港澳大湾区举办技能大赛形成技能大赛联盟。根据粤港澳大湾区的特色，设置粤港澳大湾区职业技能赛项，发挥粤港澳三地各自优势，举办丰富多彩的技能大赛，如粤港澳大湾区烹饪职业技能大赛、旅游职业技能大赛和人工智能职业技能大赛等，增进粤港澳大湾区学校和师生之间的交流，以赛促教，以赛促学。

（5）教育资源与师资队伍形成师资培训联盟。粤港澳大湾区的教育资源和师资队伍资源共享，协同创新，搭建师资培训平台，发挥各自师资优势，进行学科和专业的共建，如引进港澳的国际化教育资源与师资队伍。

（6）产教融合的职业教育园区形成实训基地联盟。粤港澳大湾区实训基地联盟由多个产教融合的职业教育园区组成，通过招收港澳的学生在园区实训，为港澳培养急需的技能人才，如高铁、飞机等机电维修工程师，发挥内地制造业实训基地和港澳服务业实训基地的优势，培养高技能人才。

（7）粤港澳大湾区的学校、行业企业合作形成产教联盟。粤港澳大湾区产教联盟促进产教融合和校企合作，内地的学校可以与港澳企业进行合作，港澳的学校也可以与内地企业进行合作，通过双向交流，取长补短，协同创新，发挥最大协同效应，精准服务于粤港澳大湾区经济发展。

粤港澳大湾区职业教育协同创新系统六大联盟之间没有绝对的界限，而是相互交叉，相互融合，通过相互作用、相互沟通、相互支撑，形成网络，在粤港澳大湾区管理委员会的领导下良性运转。

3. 粤港澳大湾区职业教育协同创新系统的运行

粤港澳大湾区职业教育系统的各要素之间协同创新发展和相互作用是系统演化发展的内在动力，同时该系统与外界环境不断进行物质能量和信息的交换，从而保持整个系统的协调运行。从粤港澳大湾区职业教育协同创新系统的整体性来看，系统内部要素在粤港澳大湾区职业教育管理委员会的领导下，六大联盟作为创新主体，基于共同的利益，资源共享，优势互补，相互协调，相互作用，实现协同创新效应的最大化。

系统的外部环境包括国家和地方职业教育政策法规、行业、企业、科研机构、中介机构，直接或间接影响系统内部要素的作用发挥和协同创新网络的正常运行。粤港澳大湾区职业教育系统的内部创新网络和外部影响网络之间互相影响，整个系统的要素之间进行匹配性协同，形成最佳组合的网络结构，通过网络协同，充分调动系统内各要素的积极性和创新活力，有利于整个系统的功能稳定和结构优化，有利于粤港澳大湾区职业教育系统互通共享共赢，从而实现协同创新。

二、粤港澳大湾区职业教育协同创新系统发展路径

在构建粤港澳大湾区职业教育系统之后，若要发挥最大的协同创新效应，必然要求探索粤港澳大湾区职业教育协同创新发展的路径。

1. 加强粤港澳大湾区职业教育系统的整体设计，完善制度政策

为了保障粤港澳大湾区职业教育系统正常运行，需要制定科学合理的制度，完善相关的政策法规，构建有利于粤港澳大湾区职业教育系统运行的体制机制，进而推动粤港澳大湾区职业教育各要素之间协调和稳步发展，形成稳定有序的网络结构，促进粤港澳大湾区职业教育良性循环和可持续发展，从而增强粤港澳大湾区职业教育的吸引力。

2. 加强粤港澳大湾区职业教育系统六大联盟之间的合作，激发系统活力

为了促进粤港澳大湾区职业院校间协同能力的提高，需要加强六大联盟之间的合作，完善网格结构，优化系统功能，激发职业教育系统各要素的创新活力，促进职业教育系统内部要素的充分流动，加强职业教育运行机制纵向贯通、横向融通的网格建设，为粤港澳大湾区经济社会发展服务。

3. 为粤港澳大湾区职业教育系统创造良好的外部环境，提升协同创新质量

为了加强粤港澳大湾区职业教育系统六大联盟与外部环境良性对接，更好地发挥系统协同创新的作用，需要为大湾区职业教育系统的运行创造良好的外部环境，即政府、行业、企业、科研机构和中介组织之间需要加强合作，发挥各方优势，促进各要素之间的资源整合形成创新型价值链，实现系统的创新功能，增强系统的稳定性。此外，粤港澳大湾区职业教育系统还需要加强与经济、社会和文化等其他系统的沟通交流，拓宽联通路径，形成互通结构，实现协同创新，促进职业教育多元化发展。

三、粤港澳大湾区职业教育协同创新系统发展策略

在粤港澳大湾区职业教育系统研究的基础上，通过充分调研，提出粤港澳大湾区职业教育协同创新系统发展的策略，具有较强的前瞻性和可操作性。

1. 构建粤港澳大湾区职业教育管理委员会，加强粤港澳大湾区职业教育的顶层设计，注重统筹协调，推进粤港澳大湾区职业教育学历学分互认，扩大"一试多证"范围

（1）建立机构，加强组织领导。在中央决策部署下，建立政府层面的粤港澳教育合作发展协调机构，通过高层会晤、定期联席会议、设置常设办公机构等形式，研究解决粤港澳三地院校在深化合作方面遇到的问题。完善粤港澳职业教育定期会商机制，增加粤港澳教育部门每年会商会议的次数，将定期会商会议作为粤港澳合作专责小组职业教育专题，加强粤港澳职业教育交流合作的计划性、组织性、统筹性。

（2）签署框架协议，提供制度保障。建立"粤港澳大湾区职业教育合作发展框架协议"，为粤港澳三地合作办学、合作培养培训、师生交流、共建共享实训基地、共建特色职业教育园区和产学研平台等提供政策和制度保障。

（3）推进粤港澳三地职业教育学历学分互认试点。研究制定内地专科与港澳副学士学历互认的办法，加快推进与港澳签署副学位学历互认协议，加快推进港澳学生在内地学籍、学历信息进入国家学历系统。成立由粤港澳大湾区教育管理部门牵头、各主要职业院校参与的粤港澳大湾区学分互认联盟，以高水平院校和高水平专业为突破口，先试先行，开展学分互认工作。

（4）进一步推进职业资格、技能等级互认和"一试多证"工作力度。粤港澳签署或续签有关职业技能鉴定及"一试多证"（通过一次考试获取粤、港及国际等证书）的合作协议，拓展更多的考试合作项目，扩大"一试多证"的职业范围。严格落实国家职业资格目录清单制度，结合实际情况探索扩大职业资格互认范围。加强"学历证书＋若干职业技能等级证书"（简称1+X证书）与港澳职业资格证书、学历的融通。

2. 构建粤港澳大湾区校际联盟，推进粤港澳大湾区姊妹学校结对工作，打造粤港澳职业教育交流合作品牌

（1）加大姊妹学校的专项资金支持力度。从国家、省、市等层面，进一步加大对姊妹学校的专项资金支持力度，促进姊妹学校缔结和开展交流合作活动。

（2）加大职业院校姊妹学校结对工作力度。推进更多的职业院校参与粤港澳姊妹学校缔结计划，促进双方学校在学校管理、教学研究、课程研发、师生互访等方面学习互鉴。推动职业院校参与粤港澳姊妹学校缔结活动、粤港澳姊妹学校经验交流活动、粤港澳姊妹学校中华经典美文诵读比赛、穗港姊妹学校发展联盟等活动。

（3）推进广东省职业院校与港澳普通中小学结为姊妹学校。发挥广东省职业教育资源优势，为港澳中小学生提供职业启蒙教育和职业技能训练。

3.构建粤港澳大湾区专业联盟，支持澳门建设两大基地，推动粤港澳大湾区葡萄牙语人才培养和旅游教育培训发展

（1）建立特色专业联盟。在推进现有的粤港澳大湾区职业教育产教联盟等的基础上，选择与粤港澳大湾区产业紧密相连、特色鲜明的专业，成立一批特色专业联盟。

（2）支持澳门建设中葡双语人才培训基地。推动粤港澳大湾区相关院校合作，广东提供办学"硬件"——校舍、场所和设备等，澳门提供办学"软件"——师资及实践机会，合作落实把澳门建设成中葡双语人才培训基地。引导和推动广东有条件的院校积极参与"培养中葡双语人才联盟"，利用联盟平台开展各项葡萄牙语人才培养项目。

（3）支持澳门建设粤港澳大湾区旅游教育培训基地。推动粤港澳大湾区旅游类相关院校合作，合作落实把澳门建设成粤港澳大湾区旅游教育培训基地。推进建立粤港澳大湾区旅游教育联盟，开展旅游教育培训和相关活动，筹办粤港澳大湾区旅游教育技能大赛等。

4.构建粤港澳大湾区技能大赛联盟，搭建粤港澳大湾区技能竞赛交流平台，促进人才培养及文化交流

（1）组织开展统一的高水平粤港澳大湾区职业技能大赛。由粤港澳三地教育、人事、劳动等部门牵头组织，举办统一的高水平粤港澳大湾区职业技能大赛，形成促进大湾区职业院校学生技能水平提升的竞赛品牌。探索技能竞赛结果互认机制，港澳与内地选手获奖，在粤港澳的高职院校和应用型本科高校招生、职业资格认定等中享受同等待遇。

（2）推动开展各类粤港澳大湾区职业技能竞赛活动。推动粤港澳大湾区职业院校参加各类粤港澳职业技能竞赛活动。继续举办粤港澳大湾区职业技能大赛、穗港澳蓉学生技能大赛、两岸暨香港地区职业院校飞机维修技能大赛等技能竞赛以及港澳职业院校技能节，促进湾区人才技能展示、交流、互动。

5. 构建粤港澳大湾区师资培训联盟，优化粤港澳大湾区职业院校师生赴港澳交流签证管理，为交流合作提供便利

（1）优化职业院校教职人员赴港澳交流签证管理。进一步简化职业院校教职人员赴港澳交流学习审批手续，建立因公出行绿色通道。探索粤港澳大湾区"教育自由行"，为参与教育交流合作的职业院校教职工办理特别的港澳通行证，凭此证自由出入港澳。

（2）优化职业院校学生港澳实习签证管理。加强与港澳劳工等部门的协商沟通，简化广东职业院校学生赴港澳实习办理商务签证手续，提高商务签证名额比例，或专门设立学生实习签证名额，解决学校和学生的后顾之忧。

6. 构建粤港澳大湾区实训基地联盟，搭建粤港澳大湾区特色职业教育园区平台，促进资源共享

（1）共建一批特色职业教育园区。支持广州、深圳、珠海等有条件、有意愿的地市与港澳合作，共建特色职业教育园区，引进国际和港澳本地优秀人才、先进的企业、行业与技术标准，探索构建中职、高职、应用型本科贯通培养模式。

（2）建设高水平公共实训基地。由政府相关管理部门牵头，联合粤港澳三地职业院校、行业企业，面向粤港澳大湾区先进制造业、战略性新兴产业等紧缺人才培养领域，在行业企业和职业教育资源比较集中的地方，探索共建一批投入较大、公益性、共享性的"四位一体"（集实践教学、社会培训与鉴定、企业真实生产和技术服务于一体）高水平公共实训基地。

7. 构建粤港澳大湾区产教联盟，精准对接粤港澳大湾区产业发展需求，深化职业教育产教融合

（1）与大湾区经济社会发展同频共振，动态调整优化专业布局。定期发布大湾区产业发展趋势和人才需求预测、专业结构与产业结构匹配度等方面的报告。通过调研及大数据系统，制定粤港澳大湾区紧缺人才清单，编制并按年度发布紧缺人才专业和职业（工种）目录。做好专业设置预警和调控，鼓励职业院校开设战略性新兴产业等高端产业和产业高端的紧缺人才专业，引导职业院校科学设置并动态调整专业。

（2）加快政策落地力度，推进粤港澳大湾区职业教育产教融合。贯彻落实国家产教融合相关政策，完成《广东省人民政府办公厅关于深化产教融合的实施意见》中的重点任务，加快产教融合政策落地力度。出台产教融合型企业的具体认证实施办法，完善"金融＋财政＋土地＋信用"的组合式激励政策，培育建设产教融合型企业。建立粤港澳大湾区企业教师资源库，支持粤港澳大湾区职业院校和大中型企业共建双师型教师培养培训基地，推动企业职工与职业院校教师"双向流动"。

四、结论

在"湾区意识"下推动粤港澳大湾区职业教育协同创新发展，是新时代粤港澳大湾区职业教育合作发展的新阶段。构建粤港澳大湾区职业教育协同创新发展系统，以粤港澳大湾区职业教育管理委员会为中心，构建六大联盟：校际联盟、专业联盟、技能大赛联盟、师资培训联盟、实训基地联盟和产教联盟，形成协同创新的"1+6"多元立交的网络架构，满足粤港澳大湾区经济发展的要求。借鉴区域职业教育系统理论，探索协同创新合作共赢的系统发展路径，提出粤港澳大湾区职业教育协同创新系统"1+6"发展策略。

第五章　实训基地和产业学院构建

第一节　高职校企合作共建实训基地的模式探索

在《国家中长期教育改革和发展规划纲要（2010—2020年）》及《国家高等职业教育发展规划（2010—2015年）》中强调，要积极创新校企合作办学体制，着力完善人才共育共管、互利共赢合作机制。校企合作是高等职业教育又一次飞跃性改革，是我国高等职业教育发展的里程碑。校企合作是高等职业教育发展的关键，校企合作达到高水平，高等职业院校就能发展到高水平。

一、校企合作共建实训基地的意义

高等职业教育是与企业紧密相连的，无论是专业建设、课程设计，还是实训基地的建设都需要和企业合作共同来完成，发挥学校和企业的各自优势培养社会和市场需要的人才，共育共管，互利共赢。

1. 校企合作共建实训基地，可以发挥各自优势，资源共享

校企合作共建实训基地可以培养高技能的学生，通过校企合作，改变传统灌输式教学方式，让学生在课堂上能够动起来，在课堂下能够学起来，学生通过逼真的实训环境，提高了实践技能，他们以员工的身份直接参与企业的具体工作，增强了动手操作能力，在较短的时间内就能掌握专业基本技能，理论与实际紧密联系，理论指导实践，实践深化理论。比如市场营销专业的学生在销售部门顶岗实习，直接接待客户，介

绍产品，完成交易，不但掌握了基本的销售技能，而且取得了不错的销售业绩，企业也从中受益。

2. 学校通过与企业合作发展教育，才具有可持续发展的能力

高等职业教育与企业合作才能适应地方经济和社会发展的需要，既保证高职院校的办学质量，又能形成高职教育的办学特色，为地区经济建设输送合格人才，实现高职教育的可持续发展。

3. 实训基地的建设具有直接服务社会的功能

由于高职院校的实训基地贴近职业社会环境，可以对社会开放，成为社会职业培训、岗位技能考核和职业技能鉴定的场所，也可以作为继续教育的基地。通过实训基地，发挥服务社会的功能，可以促进高职院校与社会的进一步联系，并能在服务中得到社会的支持。以服务求支持，以贡献求发展，是高职院校走进社会中心并求得生存与发展的必然选择。

4. 企业通过对实训基地的建设，不但为自己储备了人才，而且提高了社会知名度和美誉度

政府对与学校合作建立实训基地的企业给予补贴和税收减免，企业的积极性增强了，从被动到主动，通过对学生的培养来储备人才和服务社会。

二、校企合作共建实训基地的模式

不论是校内实训基地，还是校外实训基地，都需要企业的积极参与才具有活力，才能更好地进行实践教学，培养出具有职业能力的高技能人才。笔者通过对丰富的实践案例的分析和研究，总结出几种校企合作共建实训基地的模式，可以给我国高职商业专业校企合作共建实训基地以借鉴和参考。

1. 模式一：绿色实训基地

即建立自身能够产生效益的实训基地实体，其利润可以保证实训基地正常运转，从而使校企共建实训基地，更加充分服务于学校人才培养，使行业企业专家更加真实有效地加入到专业建设中来，形成一种长效的校企合作机制。比如物业管理专业，学校的物业管理让学生来参与，不但可以学以致用，为学生提供了实训场所，而且物业管理公司也节省了人力，降低了成本，达成双赢的局面。

2. 模式二：企业分支机构的"四赢"校内实训基地

企业在学校设立分支机构，是商业专业较为理想的校企合作模式，即以校企利益共享作为生产性实训基地建设的价值基础，从而实现"四赢"目标：企业以盈利为目标，学校以培养高质量人才为目标，学生以掌握职业能力为目标，教师以提高"双师"素质为目标。学校和企业可以签订协议，成立合作委员会，来沟通和协调双方的关系。

以国际贸易专业校企合作共建实训基地的模式为例，双方在国际贸易专业校内生产性实训基地的建设中找到校企合作的利益平衡点，即学校以生产性实训基地为真实的业务平台，强化学生外贸操作技能的培养，学生通过真实的贸易背景为企业开拓市场，寻找客户，获得订单，采用利润分成的方式在校企间进行分配。企业通过给学生提供真实的实习环境，节省了劳务费用，同时学校可以为其提供办公场地，节省了办公费用。学生通过接触真实的贸易操作，提高了职业技能，能够更好地走向工作岗位。企业出资提供业务关系、客户资源等和学校出资提供办公场地、承担劳务费用等共建校内生产性实训基地，从而达到四赢目标：企业以盈利为目标，学校以培养高质量人才为目标，学生以掌握职业能力为目标，教师以提高"双师"素质为目标。

3. 模式三：企业学院

"企业学院"实训基地是以企业为主的校企合作模式，是为了满足人才市场对某一行业人才的需要，学校与人、财、物具有优势的某一企业合作办学，学校与企业共同培养国家和社会发展需要的特定行业应用型专业人才的一种办学模式。企业学院可以是非独立法人合作型，也可以是独立法人合作型。这种模式对企业要求较高，首先，要具有雄厚的经济实力，能够为学校提供经费支持。其次，具有较强的无形资源，在社会或某一行业具有较高的地位和影响，可以整合某一行业资源，凝聚行业优势弥补高校办学条件的不足。第三，企业对行业的业务及运行规律非常熟悉，对教学规律有一定的了解，对办学有很强的责任心，使学生通过学习能熟练掌握该行业的专业技能，毕业就能胜任工作岗位的要求。企业可以在办学过程中，以企业来冠名，提高知名度和美誉度，提高无形资产价值。

以广东省级大学生实践教学基地——金蝶软件工商管理群实践教学基地为例。为保证校企合作共建实训基地的顺利实施，双方设立校企合作办学工作机构——金蝶软件深信院实践教学中心，接受学校、二级学院和金蝶公司服务与培训教育部的指导，统筹实践教学任务、认证培训和订单培养等工作。双方共同制定基地运行相关规范，拟订运行方案。教学中心负责人由校企双方互派一名组成，主要负责中心的日常运转，包括任务发布、人员协调、资源配置等。同时通过该中心实现对内对外培训服务。实践教学基地校内项目所需软件和部分师资由企业投入，校方负责提供校内场地、部分师资和其他日常管理工作。运作费用由双方共同负责，涉及收费项目由企业负责。校外项目场地环境由企业负责，有关费用开支经测算后，根据实际使用情况按照学校实践经费管理办法规定进行支付。

表 5-1　企业和学院双方的权责利关系

项目	企业	学院
权利	①参与制定专业标准、人才培养方案； ②指导培训项目及教学内容设置； ③监督和评价教学质量； ④推荐安排学生顶岗实习和就业； ⑤合作办学收益。	①组织人事任命； ②经费使用的审核； ③办学设施的管理； ④培训项目的开设； ⑤兼职教师的聘任； ⑥教学组织实施； ⑦合作办学收益。
责任	①引导学院办学方向； ②提供客户群企业的岗位需求信息； ③共享企业培训资源，推荐企业专家担任专业带头人、兼职教师、骨干教师、培训师； ④提供业务规范，确定专业标准和人才培养方案； ⑤提供企业实训实践平台供学生实习实训； ⑥汇聚企业人才需求，进行人才订单培养； ⑦汇总企业的职业岗位需求。	①健全组织机构； ②保证办学经费和设备投入； ③完善规章制度和程序； ④完善质量保证体系和评价体系； ⑤组织师资力量； ⑥负责日常教学管理； ⑦支持企业开展相关培训服务； ⑧协助企业举办有关合作项目活动。
利益	①为企业客户提供培训服务，满足企业客户需求； ②引导企业人才培养，为客户单位提供人力资源储备； ③利用学院场地设施、师资等资源为企业服务； ④获得政府的经费支持，分享合作办学收益； ⑤培育潜在的企业客户，提高企业产品知名度； ⑥扩大企业影响力。	①更贴近企业需求培养人才； ②更好地履行社会服务职能； ③建立企业兼职教师队伍； ④建立企业实习实训基地； ⑤促进行业订单培养； ⑥共享企业设施条件； ⑦促进学生的顶岗实习和就业； ⑧共享企业信息资源。

4. 模式四：行业学院

结合当地产业发展，由学院与行业协会合作，创办行业学院，构建学校和企业合作的桥梁和纽带，来开展校企合作项目。以深圳信息职业技术学院已经成立的电子商务行业学院为例，为了深化与深圳市电子商务协会的合作关系，签订合作办学协议，组建电子商务行业学院，由电子商务行业学院负责校企合作、实践教学与实践基地的建设与管理。根据电子商务专业的自身特点共建校内实训基地和企业实践园（"校中园"）；同时建设好校外电子商务行业学院的产业园校区（"园中校"）和实习实训基地；以校内"电子商务工程管理中心"为平台，落实校企合作项目，推动创新管理。本着资源共享、优势互补、互惠双赢的原则，双方合作开展电子商务人才培养和社会培训服务。电子商务行业学院院长由商务管理学院院长担任，副院长由深圳市电子商务协会执行副会长或秘书长、商务管理学院副院长或专业主任担任，下设企业联络部、项目管理部和企业培训部：企业联络部负责校企合作具体事务的联系和项目开发；项目管理部负责诸如行业人才培养订单班、实训实习基地、职业资格认证、职业技能培训和社会服务等具体合作项目的组织管理；企业培训部具体负责兼职教师团队、兼职教师工作站、企业名师工作室、在企业设立的教师访问工作站建设，并组织各类教学培训工作。

以上四种校企合作共建实训基地的经典特色模式，不同地区、不同学校、不同专业可以根据自身的情况来选择，比如说模式一绿色实训基地适合于可以在学校开展业务的企业，比如物业管理企业；模式二企业分支机构的实训基地适合于可以利用学校资源（如人力资源或者办公场地）来开展业务的企业，比如国际贸易企业；模式三企业学院适合于比较大型的企业来提高企业的知名度，同时储备人才，比如大型超市；模式四行业学院适合于与地方主导产业的行业协会合作，比如说中山的灯饰行业、顺德的家具行业等。

三、校企合作共建实训基地的对策

1. 加强校企合作的理念和意识

以校企合作为突破口加快职业教育改革和创新，从校企合作的体制角度切入，深化办学体制和管理体制改革；从校企合作的人才培养模式角度切入，深化教育教学改革；以校企合作的法律、制度和规范建设为突破口，加快职业教育的法制建设；以校企合作宣传为依托，让社会各界更加认识职业教育的重要战略地位，促进职业教育的社会环境和舆论环境进一步改善。

2. 以校企合作体制机制创新为重点，建立校企合作的长效机制

深入推进学校办学体制和运行机制改革，积极探索地方政府与行业企业共建高等职业院校新模式，建立政府主导、依托企业、发挥行业优势的办学机制。充分发挥地方政府在高等职业教育发展中的主导作用，通过财政投入、税收等政策，调动企业参与高等职业院校办学的积极性，建立起人才共育、过程共管、成果共享、责任共担的合作机制，实现互利共赢。

3. 构建校企共同育人的人才培养模式

实行工学结合、校企合作、顶岗实习的人才培养模式，全面提高人才培养质量。通过以下几个途径实现：第一，发挥文化育人功能，将行业、企业、职业等要素融入校园文化，强化职业道德和职业精神培养，促进学生知识、技能、职业素养协调发展。第二，以社会需求为依据，明晰人才培养目标，参照职业岗位任职要求，与行业企业共同制订专业人才培养方案，引入行业企业技术标准，完善双证书制度，校企合作共同开发专业课程和教学资源，继续推行任务驱动、项目导向、订单培养、工学交替等教学做一体的教学模式改革。第三，探索建立"校中厂""厂

中校"，系统设计、实施生产性实训和顶岗实习，积极试行多学期、分段式等灵活多样的教学组织模式，将学校的教学活动与企业的生产过程紧密结合，学校和企业共同完成教学任务，增强学生就业竞争力。

4. 加强对校企合作共建实训基地的管理

地方政府出台规范校企合作的文件，同时制约学校和企业双方，如制定"实习生行为规范""实习生管理手册""企业对实习生管理规定"等操作性文件。制定严密、规范的校企合作协议文本，由学校、企业和学生及家长三方签署合作培养协议。成立由学生代表、家长代表、企业代表和校方代表组成的"实习管理委员会"，协调并仲裁校企合作特别是学生顶岗实习中发生的问题和矛盾，平衡各方利益，保护学生合法权益。

5. 促进校企合作共建实训基地的基础能力建设

支持、资助开发适应不同模式的校企合作工学结合人才培养模式的课程教材开发，加强对实训指导教师的培养培训，把校企合作的组织管理、教学组织和教学改革列为骨干教师培养的目标，以专题形式进行研究与学习，推广先进的典型经验。

总之，校企合作共建实训基地需要政府、学校、行业、企业多方的努力以及学生和家长的理解和配合，校企合作才能深入、长期地开展下去，才能达到预期的目标和取得良好的效果。以校企合作为突破口加快职业教育的改革和创新，是中国高等教育一项重大改革，也将给中国高等职业教育注入活力和生机。

第二节　高职院校商业专业校企合作共建实训基地探析

2014年6月，国务院颁布了《关于加快发展现代职业教育的决定》，全面部署加快发展现代职业教育，其中有两点与校企合作有关，一点是在激发职业教育办学活力中提到，要引导社会各界特别是行业企业积极支持和投身职业教育，激发学校发展活力；另外一点是在提高人才培养质量中提到，必须深化产教融合、校企合作、工学结合，推动专业设置与产业需求对接、课程内容与职业标准对接、教学过程与生产过程对接、毕业证书与职业资格证书对接、职业教育与终身学习对接，培养高素质的技术技能型人才。校企合作是职业教育的灵魂，也是我国高等职业教育改革的突破口，只有按照市场的需求培养人才，职业教育才能强劲发展，而校企合作共建实训基地是解决按照市场需求培养人才问题的关键。

全国高职院校有一千多所，几乎所有的院校都设有商业专业，但是这类专业的校企合作才刚刚起步，与理工专业的校企合作差距较大，因此研究商业专业的校企合作，尤其是共建实训基地还是一个较新的课题。面对激烈的就业市场竞争和用人单位对学生越来越高的要求，我们应该把如何更好地培养高职高技能高技术应用型专业人才，树立鲜明的专业培养特色作为重点项目来研究和探索。

一、高职商业专业校企合作共建实训基地的类型

高职商业专业校企合作共建实训基地的类型可以分为三大类，一类

是以学校为主导的校内实训基地，一类是企业主导的校外实训基地，一类是第三方（中介）创办的实训基地。

（一）以学校为主导的校内实训基地

以学校为主导的校内实训基地，投资的主体是学校，利用学校的资源来共建实训基地，学校提供场地和人力资源，企业提供业务支持，相互合作获得共赢。例如在校内经营的快递公司，一方面考虑到学生对快递业务的大量需求，一方面也给学生提供了实习场所，节省了物力。又如一些学校自营的超市和酒店，都为学生提供了实训基地，同时企业也获得利益。以学校为主导的校内实训基地分为独资型和合资型两种。

1. 独资型校内实训基地

学校提供实训场所，聘请企业经验丰富的业务人员作为指导老师，边实训边教学，企业可以提供真实的业务或者业务的某个环节指导学生来完成。这种模式风险小，学校只需要提供合适的办公场所，无须其他更多的人、财、物力的投入，经营风险由企业自担，又能给学生提供实训机会，因而受到大多数学校的青睐。

2. 合资型校内实训基地

由企业与学校分别以不同形式出资，共同在校内设立公司或者业务部门，通过双方事先拟订的协议开展业务。企业在校内设立公司或者分支机构，经营管理费用分摊由合作企业与学校通过协议确定，业务风险由企业控制并承担。校企合作建立的实训基地，是分别利用学校和企业的优势资源，学校提供办公场所和学生员工、企业提供产品和业务培训，由学生员工为企业开拓国际市场，企业控制经营风险，是一种互利互惠的方式，企业节省场地费和人工费，为学生提供实训岗位，学生可以接触到真实的工作环境，从而更好地掌握职业技能，达到双赢的局面。

（二）以企业为主导的校外实训基地

以企业为主导的校外实训基地控制权在企业，企业为学校提供真实的实践场所，学校可以为企业提供科研、技术服务、销售以及劳动力。相对校内实训基地，商业专业校外实训基地空间较大，因为大部分企业需要商务专业的学生，但是接受大批量学生实训的企业很难找到，比较成功的有展览会、物流企业、大卖场、大型制造企业。

商业专业的校外实训基地大致可以归纳为以下几种模式：

1. 临时实训形式

比如一些大型的商务活动或者会展业务，展会期间需要大量学生承担商务助理的角色，从事接待工作，如广交会、文博会、高交会等；还有一些企业在大型节假日需要大量人手，可以给学生提供实训机会，比如大型超市在每年元旦和春节需要大量的学生来提供服务。这种模式是企业临时提供的，不是长久的，学生在这种模式下，虽然在某种程度上提高了适应社会的能力，但是大多情况下只能充当廉价劳动力，实训效果不佳。

2. 销售形式

这种形式也是利用学生来帮助企业进行促销活动，学生在某种程度上提高了销售能力并掌握了销售技巧，但是从长远来看，受益不大。

3. 工厂形式

工厂形式一方面工作时间长，比较辛苦；一方面不自由，约束多，工作环境较差。这种模式也很难长久。

4. 理想模式

以上三种模式是商业专业当前最主要的校企合作形式，虽然学生也能学到不少知识，但是不能给学生带来持久的学习动力。而比较理想的实训基地模式是，学生在学校学习理论知识后在校外实训，理论联系实际，在实践中发现问题，再去学校进行理论学习，发现自己所需要的知识和需要进一步强化的知识，有目的地学习，提高学习兴趣，再去企业，通过学习—实践—再学习—再实践不断循环的过程，巩固理论知识和掌握职业技能并进，成为一名合格的毕业生，同时为企业节约了培训成本，从而达到双赢的局面。例如，物流专业的麦德龙校外实训基地就很好地与专业对接。麦德龙是仓储式的大卖场，采取现金自提的模式经营，学生在麦德龙的实训过程中不但了解了大型超市经营的基本模式和客户管理技巧，还了解了各个部门的功能，从中受益；企业在培养学生实训过程中，减少了人力资源的支出，降低了人工成本，同时也为企业培养和选拔优秀的后备人才。学生在一年级的实训期间扮演基层员工的角色，熟练以后，优秀学生可以上升为组长，二年级实训期间可以担任组长的角色，三年级实训期间优秀的学生就可以扮演部门经理的角色了，给学生晋升的空间和动力，学生的潜力就能完全发挥出来，而且为企业创造了价值，达到真正意义上的双赢。

（三）第三方创办的实训基地

第三方创办的实训基地，就是第三方抓住学校输出人才的需求和企业对人才的需求进行供给，第三方通过培训，推荐优秀的人才到企业，在这个过程中起到中介和桥梁的作用。比如说深圳市头狼电子商务有限公司就是比较成功的第三方。头狼公司本身是一家专业的电子商务服务提供公司，以电子商务托管、网络营销推广、培养基础的实操型电子商务人才为核心业务，为企业提供电子商务人才培养、电子商务团队组建、网络营销诊断、网络营销策划以及网络品牌包装、电子商务托管、人才输出等服务。公司通过成立头狼商学院，和学校建立头狼实训基地,通过实战演练和培训,把学校的学生培养成优秀的员工,输往企业,不但受到学校的欢迎,也受到企业的欢迎,最后头狼公司也在其中获利,达到三赢的局面。这种实训基地的效果较好,可以借鉴推广。头狼的模式如下图:

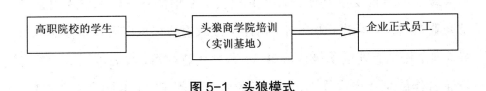

图 5-1　头狼模式

　　除了头狼模式外,还有一种是由行业协会或者企业联盟建立的实训基地模式,行业协会可以把协会中的企业联合起来建立企业联盟,即实训基地,然后通过对学生的培训,让学生通过真实的业务操作达成交易,在提高学生职业技能的同时,也提高了公司的业务量,优秀的人才可以直接输往企业。较为成功的案例是浙江嘉兴职业技术学院的"校中场"模式,由浙江嘉兴市澳杰进出口有限公司牵头联合十多家中小型外贸企业组建澳杰商业联盟,建立国际贸易顶岗实训基地,学生通过在实训基地进行真实的业务操作,通过交易磋商达成订单,签订合同,履行合同,进而完成工作任务。这种模式有效解决了国际贸易专业学生实习难的问题,通过利用阿里巴巴平台,在企业师傅和学校老师的带领下完成真实的国际贸易业务,学生毕业后可以直接进入相关的企业从事国际贸易工作,解决了就业问题,实现了学校、企业、教师、学生四赢的局面。

二、高职商业专业校企合作共建实训基地的建议

　　高职校企合作制度保障尤为重要,就像《现代职业教育体系建设规

划（2014—2020年）》里所述的，应该以产教融合为主线，建立各级政府、行业、企业、学校和社会各方面共同参与的制度创新平台，为校企合作提供制度保障。

1. 政府发挥引导支持作用

政府的政策支持是校企合作共建实训基地的制度保障。为改善当前企业参与校企合作积极性不高的情况，政府应该从以下几个方面来引导企业，提高企业的积极性。第一，税收优惠政策，政府可以给予参与校企合作的企业税收优惠，比如说免收教育附加费；鼓励企事业单位、社会团体和公民个人向职业院校进行捐赠，其捐赠支出按照现行税收法律规定在税前扣除；企业因接受实习生所发生的合理支出，在计算应纳税所得额时扣除；对职业院校自办的、以服务学生实习实训为主要目的企业或经营活动，享受税收等优惠。第二，财政扶持政策。政府可以适当给予校企合作的企业财政补贴，尤其是一些地方支柱产业，政府可以按照接收学生的人数给予企业财政补贴，同时为学生在实训基地实习提供保险、安全管理和劳动保护方面的政策，将国有大中型企业支持职业教育列入企业履行社会责任考核内容。第三，政府教育部门可以和行业协会合作成立校企合作部门，专门搭建学校和企业的桥梁，指导校企合作顺利开展，包括促进实训基地建设的开展、监督、评估和验收，以及为政府提供给予企业税收优惠和财政补贴的依据。

2. 行业协会发挥桥梁沟通作用

加强行业指导、企业参与。构建职业教育行业指导体系，发挥行业在提供政策咨询服务、发布行业人才需求、推进校企合作、参与指导教育教学、开展质量评价等方面的重要作用。加强行业指导能力建设，政府部门应将适宜行业组织承担的职责通过授权委托、购买服务等方式交给行业组织，给予政策支持并强化服务监管。加强职业教育行业指导委员会和教学指导委员会建设，通过法制建设、政策引导、考核评价等多种途径进一步落实企业参与校企合作、支持学生实习实训的责任。

3. 政、校、行、企推进职业教育集团化发展

职业教育集团化是政府主导、行业指导、企业参与的职业教育办学体制的重要实现形式，对促进教育链和产业链有机融合具有重要作用。要按照市场导向、利益共享、合作互赢的原则，吸引各类主体参与职业教育集团建设。通过中央企业和行业龙头企业牵头、骨干职业院校牵头、行业和职业院校联合、地方政府整合职业教育资源、区域内职业院校资源共享等方式多样化发展职业教育集团。

4. 完善职业教育法律体系和标准体系

校企合作共建实训基地除了需要政府、行业协会、学校、社会多方努力外，同样需要法制保护。首先，加快修订《中华人民共和国职业教育法》，依法确立现代职业教育体系基本架构，明确各级政府的职责，规范职业院校、行业、企业等主体的权利、义务，将职业教育体系建设的成果法制化。其次，完善促进校企合作和职业教育集团化发展的法律法规。在修订教育法、民办教育促进法、高等教育法、教师法、学位条例以及劳动、社会保障等方面的法律法规时，按照现代职业教育体系建设的要求修订完善相关条款。再次，建立健全职业教育标准体系，加快制定符合职业教育特点、适应经济发展和产业升级要求的各类职业院校办学标准。最后，完善各项标准的实施和检验制度。

第三节　行业协会参与职业教育校企合作的模式创新

2014 年 12 月，习近平总书记就加快职业教育发展做出重要指示：要牢牢把握服务发展、促进就业的办学方向，深化体制机制改革，创新各层次各类型职业教育模式，坚持产教融合、校企合作，坚持工学结合、知行合一，引导社会各界特别是行业企业积极支持职业教育，努力建设中国特色职业教育体系。（人民网，2014-6-24）《国务院加快发展现代职业教育的决定》中也指出：加强行业指导、评价和服务；加强行业指导能力建设，分类制定行业指导政策；通过授权委托、购买服务等方式，把适宜行业组织承担的职责交给行业组织，给予政策支持并强化服务监管；行业组织要履行好发布行业人才需求、推进校企合作、参与指导教育教学、开展质量评价等职责，建立行业人力资源需求预测和就业状况定期发布制度。

行业协会在职业教育校企合作中是连接企业和学校的纽带和校企双方沟通的桥梁。校企合作是职业教育发展中非常重要的一部分，职业教育离不开行业企业的参与，校企合作离不开行业协会这个桥梁和纽带。职业教育办得好的国家，行业协会在校企合作中的作用功不可没。

一、行业协会在职业教育校企合作中的作用

行业是建设我国现代职业教育体系的重要力量。行业是连接教育与产业的桥梁和纽带，在促进产教结合，密切教育与产业的联系，确保职业教育发展规划、教育内容、培养规格、人才供给适应产业发展实际

需求等方面发挥着不可替代的作用。首先，行业协会可以组织行业内的企业参与职业教育。单个企业势单力薄，除大型的企业在校企合作中能够积极主动外，中小型企业在校企合作中积极性不高，而且校企合作的效果不甚理想，不能大批量接收学生去企业实训和顶岗实习。其次，从管理成本考虑，在当前的校企合作中，学校的主动性要高于企业，学校为了培养适合市场需要的人才，必须与企业进行合作，而企业考虑到成本收益，不太愿意付出太大的代价来培养人才，这也非常需要行业协会这样的中介机构来组织，架起企业与学校沟通的桥梁。

1. 从宏观上看，构建现代职业教育体系离不开行业协会的指导

构建适应经济发展方式转变和产业结构调整要求、体现终身教育理念、中等和高等职业教育协调发展的现代职业教育体系，离不开行业的指导。全面落实教育规划纲要，职业教育要围绕战略需求，充分依靠行业，加强产学研合作，密切校企合作、工学结合，共同推进改革创新，促进职业教育的规模、专业设置和人才培养更加适应国家战略任务的新要求，为实现全面建设小康社会奋斗目标提供有力的人力资源支撑。强化行业指导是职业教育提升服务能力的重要保证。加强行业指导，是推进职业教育办学机制改革的关键环节，是遵循职业教育办学规律，整合教育资源，改进教学方式，突出办学特色，提高服务经济发展方式转变能力的必然要求。

2. 从中观上看，职业学院的发展和社会的发展离不开行业协会的指导

当前，我国转变经济发展方式，调整产业结构，迫切需要职业教育培养大批高素质劳动者和技能型人才，但是职业教育办学机制还不够健全，与行业企业的联系还不够紧密，因此需要相关部门大力支持行业主管部门和行业组织履行实施职业教育职责。政府支持行业协会根据发展需要举办职业教育，并对本系统、本行业的职业教育发挥组织、协调和业务指导作用；明确举办职业学校的办学定位，完善管理模式，促进学历教育与培训有机衔接；整合行业内职业教育资源，引导和鼓励本行业企业开展校企合作；发挥资源、技术、信息等优势，参与校企合作项目的评估、职业技能鉴定及相关管理工作；收集、发布国内外行业发展信息，开展新技术和新产品鉴定与推广，引导职业教育贴近行业、企业实际需要；提出制定行业职业教育规划咨询建议，参与国家对职业学校的教育教学评估和相关管理等工作。

3.从微观上看，培养高技能高技术的学生和企业对人才的需求离不开行业协会的指导

鼓励行业企业全面参与教育教学各个环节。以行业、企业的实际需求为基本依据，遵照技能型人才成长规律组织教育教学。依靠行业相关专业优势，充分发挥行业在人才供需、职业教育发展规划、专业布局、课程体系、评价标准、教材建设、实习实训、师资队伍、企业参与、集团办学等方面的指导作用，促进行业在职业学校专业建设和教学实践中发挥更大作用，不断提高人才培养的针对性和适应性。

总之，从宏观层面的职业教育发展战略、政策制度的制定，到中观层面的行业标准、社会需求的确定，再到微观的人才培养方案的确定、教材的开发、质量的监控与监督，都须有行业企业的指导，无论是代表的数量还是发挥的作用，行业企业在参与职业教育建设中都占据了很重的分量，而行业协会就是连接行业企业与职业教育的纽带。

二、行业协会参与职业教育校企合作的模式

行业协会参与职业教育的模式有三种：一种是通过行业职业教育教学指导委员会（以下简称"行指委"）来发挥作用；一种通过行业学院来推进教育教学改革；一种是通过职业教育集团来促进校企合作。

（1）行指委是行业主管部门、行业组织牵头组建的职业教育专家组织，是促进职业教育与产业结合的重要力量。发挥行指委的作用是保障职业教育科学发展的一项重要机制。行指委要按照工作职能和要求，建立健全工作制度，明确工作计划、目标和任务，积极为各级教育行政部门提供咨询和建议，帮助和指导职业学校开展教学改革，成为职业教育政策的建议者、信息的传播者、校企合作的推动者、职业学校的服务者和相关活动的组织者。

（2）行业学院要推进产教结合与校企一体办学，实现专业与产业、企业、岗位对接，建立健全校企合作机制，指导推动学校和企业创新校企合作制度，积极开展一体化办学实践。通过整合实训资源，共建产品设计中心、研发中心和工艺技术服务平台，在企业建立教师实践基地等方式，推动职业学校教师到企业实践，企业技术人员到学校教学，促进职业学校紧跟产业发展步伐，促进教育与产业、学校与企业深度合作。

（3）职业教育集团是行业协会参与职业教育的一种重要方式。职业教育集团的多元化成员中，行业企业所占的比重是很大的，行业协会在职业教育集团中具有举足轻重的作用。职业教育集团是深化产教融合、校企合作、激发职业教育办学活力，促进优质资源开放共享的重要载体。经验表明，职业教育集团化办学在资源共享、优势互补、合作育人、合作发展上的优势逐步显现，但是行业企业参与积极性不高、成员关系不紧密、管理体制和运行机制不健全、支持与保障政策不完善，集团化

办学在促进教育链和产业链有机融合中的重要作用还没有得到充分发挥。这就需要行业协会积极参与职业教学集团化办学，围绕区域发展规划和产业结构特点，组建面向区域主导产业、特色产业的区域型职业教育集团；支持行业部门、中央企业和行业龙头企业、职业院校，围绕行业人才需求，牵头组建行业型职业教育集团；支持地方之间、行业之间的合作，组建跨区域、跨行业的复合型职业教育集团。

三、行业学院——行业协会参与职业教育校企合作的创新模式

行业学院是行业协会参与职业教育的一种创新模式，这种模式不但适合区域经济发展需要和经济发展变化，而且与单个企业校企合作相比，行业学院具有不可比拟的优势。

深圳信息职业技术学院电子商务专业群以国家骨干校建设为契机，与深圳电子商务协会签订合作办学协议，成立了电子商务行业学院。深圳地区中小企业占绝大多数，对电子商务人才的需求具有分散性和个性化等特点。深圳信息职业技术学院作为深圳市电子商务协会的副会长单位和人力资源工作委员会副主席单位，将与行业协会及会员企业紧密合作，通过协会秘书处及人力资源工作委员会、电子商务行业学院的企业联络部开展工作，将各会员单位分散的人才需求订单汇总成一定规模的行业订单，然后由电子商务行业学院与协会或企业签订行业人才委托培养协议，分层次、分岗位组织人才的订单培养。同时也与深圳市人力资源和社会保障局、其他行业协会组织和企业签订培训订单协议，为企业在岗员工提供技能培训和职业资格认证服务，为合作企业优先提供优秀毕业生。

1. 电子商务行业学院的组织架构设置

电子商务行业学院本着资源共享、优势互补、互惠双赢的原则，双方合作开展电子商务人才培养和社会培训服务。院长由商务管理学院院长担任，副院长由深圳市电子商务协会执行副会长或秘书长、商务管理学院副院长或专业主任担任。下设企业联络部、项目管理部和企业培训部：企业联络部负责校企合作具体事务的联系和项目开发；项目管理部负责诸如行业人才培养订单班、实训实习基地、职业资格认证、职业技能培训和社会服务等具体合作项目的组织管理；企业培训部具体负责兼职教师团队、兼职教师工作站、企业名师工作室、在企业设立的教师访问工作站建设，并组织各类教学培训工作。如图 5-2 所示：

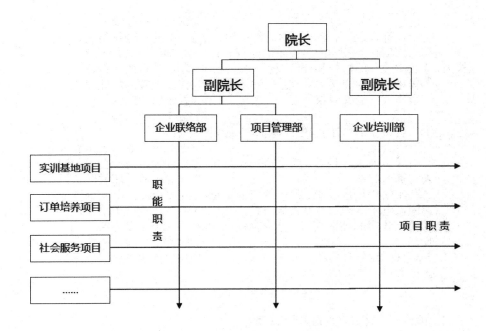

图 5-2 电子商务行业学院组织架构图

以合作协议的方式明确合作办学双方的责权利关系，如表5-2所示：

表5-2 "电子商务行业学院"办学双方的责权利关系

项目	深圳市电子商务协会	深圳信息职业技术学院
责任	①引导学校校企合作办学方向； ②相关人员及经费投入； ③共享协会专家库资源，推荐企业专家担任专业带头人、兼职教师、骨干教师、培训师； ④提供行业规范，确定专业标准和人才培养方案； ⑤提供会员企业的岗位需求信息； ⑥汇聚企业人才需求，编组行业大订单； ⑦汇总会员企业的职业岗位培训需求； ⑧联系会员企业参与合作办学和专业建设。	①健全组织机构； ②保证相关办学经费投入； ③完善规章制度和程序； ④完善质量保证体系和评价体系； ⑤组织师资力量； ⑥安排办学场地，负责日常教学管理； ⑦支持行业协会开展相关培训服务； ⑧协助行业协会举办学术交流活动。
权力	①专业标准、人才培养方案的否决权； ②培训项目及教学内容设置的建议权； ③教学质量的监督和评价权； ④安排学生顶岗实习和就业的推荐权； ⑤合作办学的收益权。	①组织人事任命权； ②经费使用的审核权； ③办学设施的管理权； ④培训项目的开设权； ⑤兼职教师的聘任权； ⑥教学组织实施权； ⑦合作办学收益权。
利益	①为会员企业员工提供培训服务，履行行业协会义务； ②引导行业人才培养，为会员单位提供人力资源储备； ③利用学校场地设施、师资等资源为创建国家电子商务示范城市服务； ④获得政府的经费支持，分享合作办学收益； ⑤培育潜在的会员和企业客户； ⑥扩大行业协会的影响力。	①更贴近企业需求培养人才； ②更好地履行社会服务职能； ③建立企业兼职教师队伍； ④建立企业实习实训基地； ⑤促进行业订单培养； ⑥共享企业设施条件； ⑦促进学生的顶岗实习和就业； ⑧共享行业协会信息资源。

2. 设立专门机构协调多元关系

在学校校企合作体制下，电子商务行业学院成立商务管理学院合作办学管委会和专业教学指导委员会。

院合作办学管委会由学校、行业、企业等方面的代表组成，制定《合作办学管委会章程》，建立健全制度，具有师生管理、组织教学、实习实训、督导评价等多种综合性管理职能，侧重于对校企合作项目的管理。积极主动吸引行业和企业参与人才培养，开展人才共育、过程共管、成果共享、责任共担的紧密型合作办学，从而实现促进人才培养质量和办学水平提升的目标。院合作办学管委会由商务管理学院院长担任主任，合作单位代表担任副主任。

院专业（群）教学指导委员会作为专业建设和教学指导机构，由学校、行业和企业人士构成，具体指导本专业开展以校企合作为导向的办学实践，具有咨询、议事与指导的职能。委员会负责修订《专业教学指导委员会章程》，规范运行机制，根据专业建设和发展的需要定期召开专题会议。

设立商务管理学院校企合作办学办公室，作为院专业教学指导委员会和合作办学管理委员会的办事机构，保证管理制度的有效实施。其负责管理各种项目的短期合作协议，协调校企合作办学；处理与行业协会、企业、校内部门的业务关系，建立有效的沟通机制；建立有效的利益协调机制，保证行业指导、企业参与专业人才培养机制的有效运行。

3. 电子商务行业学院校企合作运行机制建设

依托电子商务行业学院，构建有效的运行机制，保证校企合作办学的顺利进行。

（1）岗位需求调研机制。为了及时跟踪企业岗位对电子商务人才培养的要求，本专业每年都要参与电子商务协会对会员企业的人才需求调研；对实习基地等有典型代表性的合作企业进行重点调查；组织专业教学指导委员会的企业专家委员座谈分析企业岗位需求情况；形成深圳地区企业电子商务人才需求的年度调查分析报告。

（2）建立稳定的校企人才输送机制。重视企业需求，校企签订诸如人才订单培养等内容的协议，实现人才共育共管和互利多赢。企业可以通过稳定的合作途径获得为自己量身定做培养的电子商务人才；通过订单培养可以提前锁定人才，获得企业发展所需的人力资源保障；共享学校的场地、设施和师资等资源，节省企业员工招聘、培训等成本，提高用人效益；承担社会责任，树立良好的社会形象等。

（3）实训基地共建共享机制。在不影响学校正常教学秩序的情况下，企业可以根据合作协议共享学校的实训基地从事培训、科研等工作。学校根据协议，利用企业实训基地组织学生的实训实习和社会培训服务。通过健全校内实训实习基地管理、校外实训实习基地管理、校内实训管理、校外顶岗实习管理、实践教学考核评价、企业评价、意外工伤保险等制度和措施，形成良好的工学结合运行的保障机制。要采取有效措施，协调好工学结合参与各方的积极性，形成良好的动力机制；采取共建校内外实训实习基地等多种形式，形成良好的合作机制；通过双证融通、基于模块化教学和工作过程的改革，形成工学结合运行的课程改革机制。

（4）共建共享师资机制。从企业聘请专业带头人和企业名师，聘请合作企业的优秀人员担任兼职教师；企业聘请学校的专任教师从事企业员工培训、科研、咨询服务等工作。校企双方共同参与工学结合实践教学整体方案的制订。共同确定实践项目和内容，编写实训指导书；引入企业文化，提供真实的岗位训练任务，营造职业氛围；共同参与实践教学的组织实施过程，共同制定考核标准。

（5）社会服务共担共赢机制。与行业协会和企业一道，积极参与电子商务的社会宣传、业务培训和技术推广服务，扩大学校、行业和企业的社会影响力。组织师生参与行业协会的会员服务和会务活动，协助协会履行职能，扩大协会的影响力；参与企业社会服务可以增强企业的电子商务实施和推广力量，协助企业实现经营目标，扩大社会影响力；学校师生在参与社会服务的过程中实践能力也会得到极大的锻炼提高。

4. 依托电子商务行业学院，构建"两园三阶段"工学交替的人才培养模式

电子商务专业优化专业定位，主动适应产业需求，为深圳及珠三角地区培养德智体全面发展，能熟练利用现代信息技术、通过网络商务平台从事各类商务活动或相关工作的电子商务人才。电子商务专业与行业协会和企业合作，定期调查企业电子商务岗位及人才需求情况，形成调研分析报告。专业教学指导委员会每年定期召开电子商务岗位需求分析会，根据区域产业结构升级和职业岗位的任职要求，及时优化专业定位，构建有效的人才培养模式。

依托电子商务行业学院，凭借良好的校企合作和工学结合运行机制，采用"两园三阶段"组织工学交替，促进学生的全面发展，使学生的专业核心技能和职业核心能力（即"双核"能力）得到显著提升，从而提高人才培养质量，满足企业的用人要求，如图5-3所示：

"两园"，即校内电子商务实践园和校外电子商务产业园。校内电子商务实践园包括校内实训基地及企业实践园，主要功能是开展专业核心课程的理论和实践教学，并组织生产性实训和实习。校内实训基地包括互联网商贸实训基地和企业经营管理实训基地。企业实践园（即"校中园"）通过签订校企合作协议引入企业特定部门、企业电子商务平台、企业项目等进校园运作，并承担学生的实习辅导任务。校外的电子商务产业园，即深圳市主要电子商务产业园区的实习实训基地和电子商务行业学院的产业园校区（即"园中校"），主要功能是开展岗位职业训练课程教学，进行生产性实训及顶岗实习、毕业实习。

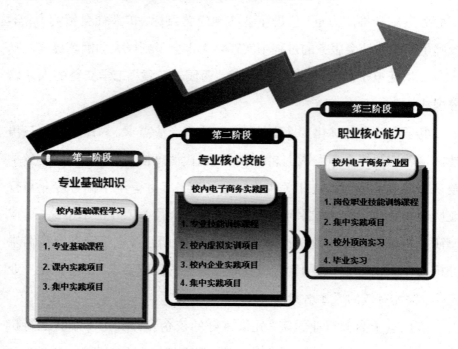

图 5-3 "两园三阶段"工学交替人才培养模式

"三阶段"，是指面向学生的专业教学分三个阶段组织实施工学交替。第一阶段侧重专业基础知识，利用校内多媒体教室和公共机房等场所完成公共必修课、专业基础课教学并完成课内实践项目和专业基本技能集中实训。第二阶段侧重培养专业核心技能，主要利用校内的电子商务实践园和校内实训基地开展专业课程或订单班课程教学，期间学生完成校内虚拟实训项目训练，期末利用"生产实训月"组织完成校内企业实践项目及部分顶岗实战演练。第三阶段侧重培养职业核心能力。学生首先在校内（外）接受岗位职业训练课程培训，完成岗位综合项目训练后转入电子商务产业园区实习基地或订单委托培养单位进行顶岗实习、毕业实习。

5. 推行双导师制，组织行业人才培养订单，提高工学交替人才培养模式的效果，建立多方参与的人才培养质量监控体系

（1）推行双导师制。校企合作，共同制定并实施双导师制，即企业兼职教师担任学生的职业导师，学校专任教师担任学生的学业导师。企业导师指导学生了解企业职业岗位要求，掌握职业技能，提高学生的就业竞争力。学校导师则指导学生的学业、实习实训、个人职业生涯规划和就业能力等，激发学生的学习兴趣和就业热情，使其顺利走上工作岗位。通过实施双导师制度，不仅引导学生顺利完成学业，还可以帮助学生尽早完成从"学生→准员工→员工"的顺利过渡。

（2）组织行业人才培养订单。行业人才订单培养可以提高工学交替的效果。深圳地区中小企业占绝大多数，对电子商务人才的需求具有分散性和个性化等特点。我校作为深圳市电子商务协会的副会长单位和人力资源工作委员会副主席单位，将与行业协会及会员企业紧密合作，通过协会秘书处及人力资源工作委员会、电子商务行业学院的企业联络部开展工作，将各会员单位分散的人才需求订单汇总成一定规模的行业订单，然后由电子商务行业学院与协会或企业签订行业人才委托培养协议，分层次、分岗位组织人才的订单培养。同时也与深圳市人力资源和社会保障局、其他行业协会组织和企业签订培训订单协议，为企业在岗员工提供技能培训和职业资格认证服务，为合作企业优先提供优秀毕业生。

（3）建立多方参与的人才培养质量监控体系。建立以学校、行业（包括行业技能鉴定机构等）、企业（包括订单委托培养单位、实习单位和用人单位等）、社会（学生家长、社会公众、第三方就业核查机构等）等共同参与人才培养质量的监控体系，将毕业生就业率、就业质量、企业满意度等作为衡量人才培养质量的重要指标。引入客户关系管理理念及系统，追踪记录毕业生的职业生涯，实施就业率核查和回访制度，根据反馈信息不断改进人才培养质量。定期对学生实习（或用人）单位评价表、毕业生就业岗位分布、毕业生追踪调查、第三方机构调查结果等资料进行专门研究，发布《电子商务专业人才培养质量报告》，为优化专业定位和人才培养方案提供依据。

第六章　跨境电商人才培养模式实践

第一节　高职以就业为导向的职业能力培育

一、职业能力的内涵和结构

职业能力是指一个人在职业活动中表现出的能力，北美的"能力本位教育"（Competency-Based Education，简称 CBE）理论对职业能力的界定包括四个方面：知识（knowledge），指与本职相关的知识领域；态度（attitude），指动机情感领域；经验（experience），指活动领域；反馈（feedback），指评估、评价领域。

关于职业能力结构的划分，职业教育中所说的能力可分为能力结构和能力层次两部分。能力结构由专业能力、方法能力和社会能力构成。专业能力是指从事该专业活动所需要的技能和与其相应的知识；方法能力是指具备从事职业活动所需要的工作方法和学习方法，包括制订工作计划、协调计划、对自己工作成果的评价以及获取新知识、新技能的能力；社会能力指工作中的积极性、独立性和与他人交往的能力，也是指个人所具备的情感、态度和社会交往、沟通、与人合作、乐于助人的能力以及职业道德、社会责任感、组织表达、勇于承担责任和社会参与的能力。

能力层次则由基本职业能力和综合职业能力组成，其中基本职业能力是劳动者从事一项职业所必备的能力，包括基本的专业能力、方法能力和社会能力，亦称从业能力；综合职业能力是指具体的专业技能和专业知识以外的能力，它是根据职业岗位的共同特点及要求所体现的共同的职业能力要求，是从事任何一种职业的劳动者都应具备的能力。综合职业能力高于基本职业能力，是基本职业能力的提高和发展，离开了基本职业能力，综合职业能力就成了无源之水、无本之木。由于综合职业能力对劳动者未来的发展起着关键性的作用，所以很多学者又把它称为"关键能力"，关键能力则是基本职业能力的纵向延伸。职业能力的内涵如图 6-1 所示，分为基本职业能力和综合职业能力两个层次和六种能力。

基本专业能力是指从事职业活动所需要的职业技能和职业知识，是任职顶岗所需要的实用性职业能力，是劳动者赖以生存的基本能力。综合专业能力是对基本专业能力的进一步抽象，它包括对新技术的理解力、职业的适应能力、技术改造能力、质量与经济意识、市场运营能力等。

基本方法能力是指从事职业能力所需要的职业工作方法和职业学习方法，是从业者在职业活动中不断获取职业技能与知识，掌握新方法的重要手段，是劳动者基本的发展能力。综合方法能力是基本方法能力的进一步发展，主要包括分析和综合能力、联想与创造能力、信息能力、谋略与决策能力等。

基本社会能力是指从事职业能力所需要的行为能力，是从业者在职业活动中特别是在一个开放的社会中必须具备的能力，它既是基本的生存能力，又是基本的发展能力。综合社会能力是比基本社会能力更高层次的能力，主要包括组织协调能力、心理承受能力、社会责任感、工作主动性、批评与自我批评能力等。

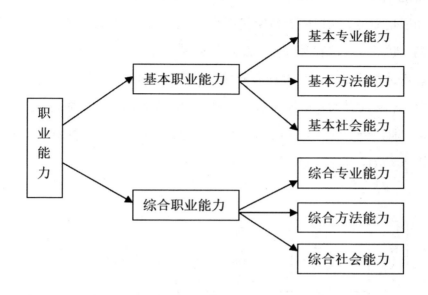

图 6-1 职业能力内涵分解图

二、以就业为导向的职业能力培育的思路

高等职业教育是以就业为导向来培养高技能人才,使学生毕业后能顺利地走向社会,适应工作岗位和社会发展要求,因此按社会需求和岗位需求来培养人才,提高就业率,是高等职业教育的目标。提高毕业生的就业水平和就业质量,就必须针对高职学生的特点,以就业为导向研究职业能力体系构成,加强学生的职业能力培养,使学生具备较强的就业竞争能力、从业能力、岗位适应能力和发展创新能力。

1. 以职业岗位人才需求确立专业课程目标

高职专业课程设计要紧密联系社会的人才市场需求,根据人才需求变化及时修改专业课程设计,学生通过学习,不仅可以掌握专业知识、技能，而且能够获得学历证书和专业相关的职业资格证书。比如说移动通信专业，知识的更新换代很快，就要求及时根据人才市场需求的变换，更新专业课程和知识，根据人才市场的需求培养高职人才，学生毕业后才能受到欢迎，被社会所接受，提高就业率和就业质量。如图 6-2所示，从社会人才市场需求可以看到行业人才需求以及职业岗位人才需求，通过分解工作任务需求，得出对专业知识、职业技能和职业素质的需求，从而设计出专业课程目标。

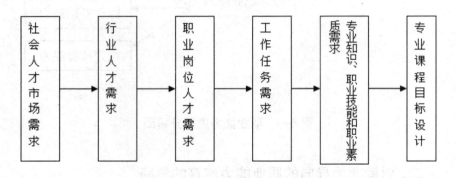

图 6-2　专业课程目标设计导向图

2. 以工作任务群为主线建设专业课程体系

高职专业的课程设置应该从职业岗位职责的需求出发，以工作任务群为主线，充分实现以就业为导向的培养目标。如图 6-3 所示，专业课程体系应该包括职业基础知识和技能、职业道德和职业素质、职业可持续发展能力三部分，这三部分分别决定职业岗位的方向、职业的稳定性和职业潜能的开发。知识是最基本的，技能是较高层次的，而能力是最高要求。例如国际贸易专业的课程体系设计，首先，掌握国际贸易的基础知识如贸易术语、合同的基本条款以及进出口流程是最基本的；其次，具备相应的职业技能如撰写外贸函电的技能、缮制外贸单据的技能、进出口成本核算的技能、信用证申请和审核的技能、租船订舱和购买保险的技能；最后，较高层次的能力如国际商务谈判的能力、国际营销的能力、解决贸易争端的能力等就需要在工作中培养和积累，也就是职业潜能的开发，当然职业道德和职业素质是必须一直贯穿其中的。

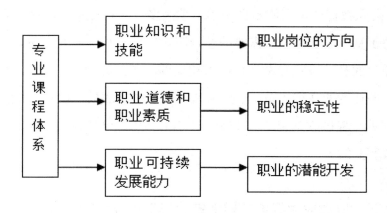

图 6-3 专业课程体系设置示意图

3. 以"能力本位"的理念培育职业能力体系

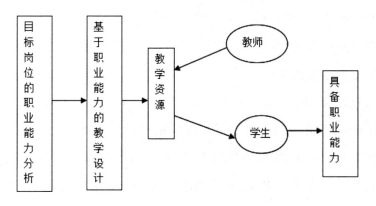

图 6-4 职业能力培育示意图

借鉴美国职业培训的 KAS（Knowledge、Ability、Skill）模式，将目标岗位的职业能力分解为知识、能力和技能。从短期看，毕业生的就业竞争力主要由职业技能决定，但从长期发展看，一般能力，特别是创新能力与学习能力是毕业生成长的关键能力。因此，需要长短兼顾，正确处理知识、能力与技能的关系。高职教育的效果评价应该指向能力测评，高职教育质量高低不在于学生掌握多少学科知识，而在于学生是否具备了从事职业岗位所需要的综合职业能力与相关职业素质。因此，高职课程的教学设置和考核也要做相应的改革。如图 6-4 所示，要通过对目标职业的职业能力分析，做出基于职业能力的教学设计，由教师通过各种手段提供教学资源，教师引导学生利用教学资源进行学习和实践，培育职业能力。

三、以就业为导向的职业能力培育的途径

职业能力教育始终是高等职业教育的核心目标，高等职业教育应根据职业能力的性质和形成规律，结合自身的条件和当地的社会资源优势，从专业设置、课程模式和价值评估三方面进行改革，努力培育以就业为导向的职业能力。

1. 专业设置改革

高职教育的专业设置要紧紧围绕生产、技术、管理第一线需要，针对岗位或岗位群设置专业，而不仅仅根据学科设置专业。在设置专业时，不能沿用普通高等教育的专业目录，而要面向市场，针对社会需求，从学校自身条件出发，结合本地区经济，充分利用地域优势，集中力量办好一批适应社会需求，有良好发展前景的专业，淘汰一些不合时宜，就业前景不好的专业，形成自己的专业优势和特色。在专业设置过

程中，学校应重视研究、分析和预测市场变化对人才需求的影响，及时调整服务方向，优化专业结构，增设社会急需的专业，使新旧专业相辅相成，合理搭配。比如深圳信息职业技术学院针对市场对人才的需求变化，增设了物联网学院，就是考虑社会对此类人才的大量需求。

2. 课程模式改革

高等职业教育是把已经成熟的技术和管理规范通过教育传授给学生，使学生毕业后能将其转变为现实的生产和服务。以职业能力为中心设计课程体系，强调知识的针对性、实用性，职业岗位需要什么就学什么、训练什么，突出职业性。课程设置直接关系到学生毕业后能否具备直接上岗和后续发展的能力，这就要求以职业能力本位构建课程模式，在培养基本职业能力的同时，确立符合能力本位要求的培养目标，编写教学计划和大纲，重新整合课程，建立"能力本位"的综合课程体系。

3. 价值评估改革

专业设置和课程模式以能力为本位，价值评估也必须改革，改变过去重理论、轻实践，或者实践与现实脱节的问题。价值评估必须引导能力本位改革，以就业为导向的职业能力成为职业教育的首要目标。价值评估的改革主要表现在以下三方面：重视一般理论教学的同时，更注重实践教学；重视对学生知识的考核，更注重对学生职业能力的考核；重视学生的校内评价，更注重学生的社会评价。价值评估的改革一方面要通过工学结合、校企合作加大实践教学环节，从仿真模拟到全真实践；另一方面，要通过对双师型教师的培训和兼职教师的聘用，更新专业知识，与实践保持紧密联系。高等职业教育必须建立一个科学、规范、可操作性的、行之有效的以职业能力为本位的评估体系，以保证和不断提高教学质量。

第二节　从供给侧结构性改革谈跨境电商人才培养

供给侧结构性改革原本是经济术语，指的是从提高供给质量出发，用改革的办法推进结构调整，矫正要素配置扭曲，扩大有效供给，提供供给结构对需求变化的适应性和灵活性，提高全要素生产率，更好地满足广大人民群众的需要，促进经济社会持续健康发展。季明明（2016）在《供给侧结构性改革与职业教育伟大使命》中谈到，教育是供给侧最基础的部分，又是需求侧的最高表现和社会总需求的最重要内容，教育供给的水平影响整个国家供需结构的质量与效率。供给侧结构性改革对教育来说，就是要培养社会需要的人才，而不是造成人才供需矛盾的局面，一方面企业招不到合适的人才，一方面学校培养的人才不能直接走向工作岗位，造成人才过剩，或者大量失业。因此，从供给侧结构性改革来说，就是要根据市场需求主动调整人才培养方案，不但要培养市场急需的人才，满足当前市场的需求，而且要培养出创新创业人才，改变和引导市场的需求，满足将来市场的需求。

为了适应社会的变化，以及工业 4.0 时代的到来，很多传统专业已经不适合市场需求，需要改造、更新和淘汰。为了推进供给侧结构性改革，切实做到"去产能、去库存、去杠杆、降成本"，全面落实"十三五"规划的战略目标，符合时代需要的人力资源不足是最大的难题，学校在人才培养中担任艰巨的任务。职业教育的伟大使命就是培养千百万大国工匠，工匠是支撑中国制造业的主力军。以互联网为代表的信息技术给教学提供了很好的手段，包括云计算、物流网、大数据、智慧系统等都向教育领域渗透，给教育界带来了前所未有的变革，在教育理念、教育模式、教育管理、教学内容、教育方式和教学技术、教学手段等方面影响深远，各种教育互相融合，形成终身学习的"立交桥"，这一切将形成教育供给侧结构性改革。在某些传统教育模式、教育资源已经"产能过剩"的情况下，亟待发展教育新型供给方式。跨境电商人才培养是适应"互联网＋"时代的发展和响应"大众创业，万众创新"号召来开展的，随着全球贸易时代即将到来，市场对跨境电商的人才需求很大，而跨境电商运营人才的培养很大程度上来源于高职院校。

需求侧培养人才的方式是根据过去和当前的市场需求来培养人才，具有被动性、滞后性；供给侧培养人才的方式就是通过预测市场将来的需求来培养人才，具有主动性、超前性。过去，我们培养人才都是从市场需求侧被动培养人才，而不是从供给侧角度来主动培养人才。从需求侧培养人才，只适合较为成熟的制造业或基础学科，而对市场敏感度较高的新兴行业，特别是服务业、零售业、互联网营销等行业，从需求侧培养人才是低效的，如电子商务专业和计算机专业，知识更新非常快，如果单从市场需求的角度去培养人才，学生在学校学到的知识等到走向社会已经过时，需要从头再学。因此，我们应该从供给侧结构性改革来调整，在考虑市场需求的同时，主动调整知识结构，超前培养市场需要的人才，改变和创造市场需求，这样不但能满足市场当前的需求，而且可以适应时代的变革，满足将来一段时间的需求。

过去的人才培养模式是，我们通过市场调研获取人才需求，来设计我们的人才培养方案，一方面，期待行业前线的企业能够提出教学需求，另一方面通过教育工作者的深度访谈挖掘市场需求，这两种情况都不是很乐观，与市场的真实需求会有偏颇，尤其是不具有超前思维。如果市场出现需求时再迎合需求培养人才，通常会有滞后性，教育应该具有超前性，我们不但要培养当前市场需要的人才，而且更要培养三至五年后需要的人才，这就是教育供给侧结构性改革需要做的事情。

以跨境电商人才的培养为例来探讨这个问题：随着 2015 年 WTO 保护期结束、国家自贸区设立、海关流程简化、外贸单证大量取消，我国外贸环境发生了巨大的变化，因此对外贸人才提出了更高的要求，传统外贸人才不再适应企业的发展，需要更多的跨境电商人才，尤其是中小型外贸公司更是如此。面对这些情况，教育需要从供给侧主动出击进行改革：

首先，具有前瞻性。学校要比企业更先知道市场趋势，因此学校开始增设跨境电商专业，甚至一些国际贸易专业改为跨境电商方向；其次，要求教育具有高效性。学生的动手操作能力要强，毕业就能直接上岗上手；第三，具有时效性。教学研发的节奏要加快，从人才培养方案的制订，到教材、课件、教辅材料要不断更新，跟上市场的节奏，符合市场的需要；最后，具有持续性。学校教师需要学习跨境电商方面的知识，进行知识更新，同时还需要聘请有实践经验的企业跨境电商运营人才给学生授课和组织实训，学生在完成学校的学习后可以去企业通过学徒制的模式从事真实的业务操作，从而具备跨境电商的职业能力，成为真正意义上的跨境电商方面的技能型人才，这也是中国职业教育的使命。

第三节　新商科背景下跨境电商人才培养模式探索

2019 年 1 月 24 日,《国家职业教育改革实施方案》发布,在新的经济形势下,职业教育的重要性进一步提升,要求职业教育必须服务经济发展。当前,我国经济结构调整和产业升级不断加快,经济发展进入新的发展阶段,对技术技能人才的需求越来越紧迫。随着互联网产业的发展,跨境电商成为国际贸易的一种新型方式,市场对跨境电商的人才需求也越来越大,如何在新商科背景下培养社会需要的跨境电商人才,满足跨境电商产业的发展,成为迫切要解决的问题。

一、跨境电商人才培养模式研究综述

跨境电商人才的培养还处于探索阶段,陈旭华(2014)提出了以市场需求为导向、政府为引导、高校为依托、企业为主体、行业为纽带的创新跨境电商人才培养模式。郑雪英(2014)通过引入教学工厂、实习就业一体化、订单班、企业项目植入、创业实战教学等形式创新跨境电商人才培养模式。高子清(2017)认为跨境电商人才的培养应该构建以企业和学校为主体,政府、行业组织和社会培训机构共同参与的政、校、行、企协同培养模式。许颖乔(2017)提出在企业建立工作室,让师生在企业环境中从事真实的跨境电商运营,了解最新的职业要求,为专业教学提供原始资料、方向和方法。严美姬(2017)提出开展植入式校企合作,通过项目课程植入式、项目团队植入式、暑期实践植入式、企业单向植入式和校企双向植入式等来培养跨境电商人才。曾诚(2017)提

出以校企合作项目为载体、订单培养为架构,通过项目化实训平台和立体化跨境电商实践平台,实现"教、学、做"一体化,培养学生的实践技能与职业素养。王琼(2017)认为建立"一带一路"国家跨境电商人才的合作培养或协同培养机制是培养国际化跨境电商人才的明智之举。通过文献,我们可以看到跨境电商人才的培养必须有行业企业的加入,但是如何有效开展和运作,还需要继续探索,合作效果还有待验证。

二、新商科背景下人才培养理念的转变

新商业是加快现代服务业发展的必然要求,新商科是在新商业的背景下诞生的,为了适应新商业发展,必须对商科进行改革,培养满足新商业发展需要的新商科人才。新商科人才需要掌握"互联网+"技术,熟悉新业态,学会新营销,懂得线上与线下、内销与外销、前台与后台相结合的运营方式。过去的人才培养理念是单纯从需求侧来考虑,市场需要什么样的人才我们培养什么样的人才,在新商科背景下,需要从供给侧和需求侧一并考虑,根据市场需求的变化提前预测人才需求的变化,及时调整人才培养方案。

1. 新商科人才培养理念需要具有创新的商业思维

在商业、文化和技术不断融合的商业时代,新商科人才培养需要具有创新思维:比如开发新商品,符合新时期的消费趋势与主流消费群体的消费需求变化,引领时尚,带领潮流;又如发展新业态,让商业从购物目的转变为体验目的,符合新时期的消费习惯;此外,通过打造新环境,应用新技术、建立新管理和玩转新营销,体现创新的商业思维。

2. 新商科人才培养理念要探索新的教学模式

新商科要求培养复合型人才,新商科人才培养需要根据新商业的特

征调整人才培养结构，探索专业群建设模式，通过专业人才需求调研，分析新商科人才必备的基本知识、素质和技能，从而满足职业岗位的要求。新商科要求学生不但要具备必要的专业核心技能，还需要具备新商科要求的信息化能力，可以通过专业群的集群优势，探索新的教学模式，突破专业壁垒，实现专业间的资源共享，优势互补，使学生的知识和能力结构向多元化发展，成为新商科背景下的复合型人才。

3. 新商科人才培养理念要融入商业文化建设

新商科包含商业文化建设的内容，在新商科背景下的人才培养需要融入商业文化建设，提升教师和学生的文化素养。商业文化决定了专业的核心价值观，要通过提炼商业文化的内涵，把商业文化、职业文化以及社会主义核心价值观紧密结合起来融入课程中，加强职业道德的培养，树立正确的世界观、人生观和价值观，从而具有积极的工作态度以及诚信等职业品质。

4. 新商科人才培养理念要主动面向产业转型

新一代信息技术的发展为新商业提供了新的发展空间。随着不断革新传统行业与产业模式，对人才的需求也发生了较大变化，例如近几年来，跨境电商的快速发展对跨境电商人才的需求激增，因此新商科人才培养理念要主动面向产业转型，迎合新商科发展人才需求，培养具有全球视野、熟悉新商科理念、掌握新商业技能的具备复合职业能力的新商科人才。

总之，新商科人才培养理念要求体现创新的商业思维、探索新的教学模式、融入商业文化建设，主动面向产业转型。新商业时代要求发展新商科教育，职业教育首当其冲，需要把握时代机遇，拥抱新商业时代，结合时代需要，构建新商科人才培养体系。

三、当前跨境电商人才培养存在的问题

1. 跨境电商人才供求存在缺口

由于我国跨境电商人才培养工作的开展时间相对较短,使得人才供给与企业实际需求之间出现断层。通过对 300 多家企业的调查显示,85.9% 的企业认为目前跨境电商人才存在缺口,企业无法招到能够按要求完成工作任务的员工。

2. 专业化跨境电商人才培养缺失

跨境电商人才是复合型人才,其培养涉及营销、支付、物流、通关、退税、结汇、涉外法律等众多专业环节,需进行系统化、专业化培养。截至目前,我国本专科专业目录中均未设立跨境电商专业,跨境电商人才培养多依托电子商务、国际贸易、国际商务等专业或在相关专业下设跨境电商方向,人才培养目标和课程设置等方面与跨境电商企业的需求不完全一致。

3. 小语种、复合型等高素质跨境电商人才培养缺位

现有跨境电商人才供给结构不能适应跨境电商企业全球布局的需求,具体表现为语言人才缺乏等。跨境电商外语人才主要集中在英语方向,而"一带一路"沿线的非英语国家的小语种专业人才缺乏,尤其是熟悉当地法律法规、了解当地人文习惯,可以解决实际问题的复合型、应用型人才缺乏。

4. 高水平师资力量薄弱

当前高校相关专业教师在跨境电商领域有一定的专业性学习和研究,但整体缺乏实战经验。各高校教学缺乏跨境电商实践教学平台,教学很少有机会接触真实项目,导致实际工作中无法采取合理应对措施。部分高校虽与企业共建了产学研基地,但由于制度、保障体系不完善,

导致高质量企业项目、高水平企业师资无法进入校园,校企双方体验较差,直接降低了跨境电商人才培养质量。

四、跨境电商人才培养的模式探索

在新商科背景下,面对跨境电商人才培养存在的问题,需要转变人才培养理念,推动新的教育教学模式改革,深化产教融合,融入商业文化建设,面向产业转型,主动迎合新商科发展人才需求,探索跨境电商人才培养的模式,为跨境电商人才培养提供解决方案。

1. 利用跨境电商虚拟仿真软件设置校内实训基地

最常用的跨境电商交易平台有阿里巴巴全球速卖通(AliExpress)、亚马逊(Amazon)、易贝(eBay)、Wish、敦煌网等。结合跨境电子商务理论教学课程与跨境电子商务出口企业对岗位工作从业能力的需求,通过对五大平台特点的总结与综合分析,选取实际企业在从事跨境电商业务操作中的真实案例,设计出适应各平台一系列完整操作流程的模拟实训教学课程。课程内容分为三大模块:教学互动、实操训练和巩固练习。教学互动模块根据跨境电商活动的不同阶段分为跨境电子商务概述、平台账号注册、选品和价格核算、产品发布、订单处理、资料分析、营销活动、客户服务和纠纷处理、跨境电子商务支付九个部分。每个部分分别以跨境电商主流平台为教学支点。实操训练模块包含五大平台中的账号注册、产品上架、订单处理、物流发货、收付款设置、客户服务、纠纷处理等内容的1:1仿真实操训练。巩固练习模块包含了多个单元的跨境电商基础知识和平台专业知识点的习题训练。老师可自由组织阶段巩固训练和综合考核。通过虚拟仿真软件的学习和实操,学生不但可以掌握跨境电商的基本理论知识,而且对跨境电商的运营有了基本了解，提高了实操技能。

2. 搭建跨境电商创新创业工作室

通过大学生创新创业项目，引入真实的企业项目，组建跨境电商创新创业工作室。在工作室内，有学校教师和企业专家同时带领学生进行跨境电商项目的运营，达到一个比较理想的四赢局面：学校通过工作室的运作，给学生提供了实训和实习的机会，提高了学生的动手操作能力和跨境电商运营技能，达到了人才培养的目标；企业通过工作室的运营，节约了企业运营成本，提高了企业资源利润率；专业教师通过工作室的指导，从真实的实践项目中提炼经验，为课堂的理论教学提供了丰富的素材，不断更新专业知识；学生是最大的受益者，通过在工作室实训和实习，体验到真实项目的运营，为进入工作岗位奠定了良好的基础，真正意义上实现零距离就业。

3. 与跨境电商企业合作构建校外实训基地

学校与跨境电商企业共建跨境电商校外实训基地，为学生实训、实习和就业提供机会。这里以深圳信息职业技术学院与深圳他拍档网络服务公司共建的深圳市校外公共实训基地为例展开介绍。深圳他拍档网络服务有限公司（以下简称"他拍档"）是一家立足于跨境电子商务平台，为外贸企业提供跨境电商培训、软件、运营及人才招聘的第三方服务商。其通过为区域政府、园区和企业提供一站式电子商务解决方案，培养并提升跨境电商企业生存、赢利、创新和可持续发展能力，带动生产性企业和外贸企业向跨境电商方向转型升级，打造跨境电商丝绸之路。自成立以来，他拍档凭借强大的策划、运营、讲师和技术团队，成功操作了多个亿级电商品牌，在跨境电商领域独树一帜。他拍档集团有产业和教育两条业务主线。在产业端，他拍档已与多个地方政府合作建设、运营跨境电子商务产业园，为多家企业提供深度运营服务。在教育端，他拍档为跨境贸易企业提供企业服务和人才输送，他拍档教育为高校提供实训实习机会和创业服务，形成跨境电商创业孵化中心。他拍档集团联合清华大学国家服务外包研究院组织了全国大学生创新创业跨境电商比赛，提高了学生的跨境电商职业技能。

深圳信息职业技术学院与他拍档签订了长期的校企合作协议，通过他拍档，参与了阿里巴巴的"百城千校，百万英才"跨境电商生态圈，组织学生参加阿里巴巴跨境电商初级人才认证，成为阿里巴巴教育集团"跨境电商人才培育基地"。他拍档派出优秀的讲师团队给学生和教师进行阿里巴巴国际站的培训，通过培训，学生掌握了跨境电商的基本运营流程，部分学生留在了他拍档就业或者被推荐到其他跨境电商企业工作。同时，他拍档开展专业教师培训，为教师下企业提供实践机会。跨境电商领域变化较快，教师通过下企业，真实感受企业运营，不但掌握了新方法和新技术，而且提升了师资专业能力，成为真正意义上的"双师"。在专业建设方面，利用他拍档丰富的企业资源，学校聘请了他拍档专家作为专业指导委员会委员，为国际商务专业群的发展提供专业性意见，参与专业人才培养方案的制订，并对部分核心专业课程改革提出宝贵意见。此外，学校还聘请了他拍档一线技术骨干作为专业实训课程的指导教师，指导学生实训。

4. 与行业协会合作建立跨境电商行业学院

行业学院模式适合区域经济发展需要和经济发展变化，与单个企业校企合作相比，具有不可比拟的优势。跨境电商行业协会拥有很多跨境电商会员企业，其中中小企业占绝大多数。由于中小企业对跨境电商人才的需求较为分散，跨境电商行业学院通过将各会员单位分散的人才需求订单汇总成一定规模的行业订单，与企业签订行业人才委托培养协议，分层次、分岗位组织人才订单培养，为企业源源不断地输送人才。跨境电商行业学院同时也与人力资源和社会保障局、其他行业协会组织和企业签订培训订单协议，为企业在岗员工提供技能培训和职业资格认证服务，为合作企业优先提供优秀毕业生。

参考文献

1. 中华人民共和国教育部高等教育司, 中国高教学会产学研合作教育分会. 必由之路——高等职业教育产学研结合操作指南 [M]. 北京: 高等教育出版社, 2004.

2. 孟蕴华. 高职院校实行校企合作应注意的几个问题 [J]. 宁波职业技术学院学报, 2006 (2).

3. 赵昕, 宿林林. 校企合作办学模式的探讨 [J]. 中国成人教育, 2007 (3).

4. 朱智. 高职校企合作人才培养模式的探讨 [J]. 科技广场, 2010 (4).

5. 罗小秋. 建立"企业学院": 探索校企合作新模式 [J]. 中国高等教育, 2011 (3).

6. 张炼. 产学研合作教育的理论问题及在我国的实践 [J]. 职业技术教育, 2002 (34).

7. 夏建国. 产学研合作机制初探 [J]. 天津职业大学学报, 2002 (2).

8. 贾少华. 德国高职的校企合作及启示 [J]. 职教论坛, 2001 (7).

9. 吕一中. TAFE——澳大利亚的骄傲 [M]. 北京: 高等教育出版社, 2004.

10. 刘春梅. 高职国际贸易实务专业校内生产性实训基地构建类型选择分析 [J]. 中国科教创新导刊, 2010 (8).

11. 张晓燕. 高职国际贸易实务专业校企合作的探讨 [J]. 安徽职业

技术学院学报，2010（3）.

12．李卫．校企合作共建国际贸易操作与实习平台 [J]. 北方经贸，2010（6）.

13．韩国明，程贵妞．行业协会参与下的职业教育运行机制分析 [J]. 教育科学，2007，12（6）：72-76.

14．方俊，梁师俊．行业协会参与高职教育校企合作途径机制研究 [J]. 职业教育研究，2014（7）：69-71.

15．秦素粉．利益博弈下行业协会参与职业教育的路径选择 [J]. 重庆高教研究，2014（2）：53-56.

16．王建梁，魏体丽．行业协会参与职业教育研究综述 [J]. 中国职业技术教育，2011（6）：15-19.

17．兰自珍，行业组织在职业教育与培训中的作用 [J]. 职业技术教育，2006（25）：85-87.

18．候炜征．行业企业参与高等职业教育动力机制研究 [J]. 职教论坛，2014（11）：16-19.

19．李宝银，方晓斌，陈美荣．行业学院的功能分析与建设思路 [J]. 教育评论，2017（9）：14-17.

20．徐绪卿，金劲彪，周朝成．行业学院：概念内涵、组织特征与实践路径 [J]. 浙江树人大学学报，2018（1）：1-6.

21．朱士中．应用型本科人才培养的机制与模式创新 [J]. 江苏高教，2016（5）：80-83.

22．夏瑜，龚声蓉．基于 OBE 理念的数字媒体专业应用型人才培养模式 [J]. 计算机教育，2017（4）：82-86.

23．朱林生，孙金娟．行业学院模式：新建本科院校应用型人才培养的新探索 [J]. 大学（学术版），2012（12）：18-23.

24. 肖晗予 . 基于职业能力结构的职教课程模式的思考 [J]. 职教通讯, 2009（5）.

25. 石伟平, 王启龙 . 促进校企规范合作, 全面推进产教融合 [J]. 中国职业技术教育, 2018（10）.

26. 邓志新, 万守付 . 行业协会参与职业教育校企合作的模式创新 [J]. 职业技术教育, 2015（27）: 68-72.

27. 陈子季 . 以大改革促进大发展, 推动职业教育全面振兴 [J]. 中国职业技术教育, 2020（1）: 5-11.

28. 郑红梅 . 个人发展规划: 英国大学核心职业能力培养模式初探 [J]. 职业技术教育, 2006（19）.

29. 邓志新 .OBE 理念下行业协会参与职业教育的模式创新——行业学院的构建 [J]. 职教通讯, 2018（19）: 20-26.

30. 毕文健, 顾永安 . 地方本科院校行业学院建设方式与运行机制探索 [J]. 中国高等教育, 2018（18）: 48-50.

31. 邓志新 . 行业学院——职业教育产教融合的新途径 [J]. 职业技术, 2018（11）: 34-38.

32. 陈新民, 高飞 . 我国高校行业学院: 逻辑起点、演进路径与发展趋势 [J]. 国家教育行政学院学报, 2019（8）: 31-37.

33. 邓志新 . 行业协会参与职业教育校企合作的模式探索 [J]. 职教通讯, 2016（16）: 1-6.

34. 赵伟, 职业教育集团利益协调机制研究——以河北化工医药职业教育集团为例 [D]. 石家庄: 河北师范大学, 2014.

35. 张少辉, 林寿彤 . 基于利益相关者的职业教育集团治理结构研究 [J]. 中国成人教育, 2010（8）: 29-30.

36. 邓志军, 李艳兰 . 论德国行业协会参与职业教育的途径和特点

[J]. 中国职业技术教育, 2010（19）: 60-64.

37. 邓志军. 澳大利亚行业协会参与职业教育的主要举措 [J]. 职教通讯, 2010（8）: 47-51.

38. 陈保荣. 职业教育产教融合的国际比较研究 [J]. 职教论坛, 2018（5）: 40-46.

39. 黄日强. 行业协会在加拿大社区学院职业教育中的作用 [J]. 东华理工大学学报（社会科学版）, 2012（1）: 52-57.

40. 邓志军, 徐跃进. 我国行业组织参与职业教育的问题及对策探讨 [J]. 中国职业技术教育, 2012（27）: 24-27.

41. 教育部办公厅, 工业和信息化部办公厅. 现代产业学院建设指南（试行）[S]. 教高厅函〔2020〕16 号.

42. 吴显嵘. 基于产教融合的高职产业学院建设机理及路径研究 [J]. 中国职业技术教育, 2018（29）: 5-11.

43. 孙振忠, 黄辉宇. 现代产业学院协同共建的新模式 [J]. 高等工程教育研究, 2019（4）: 40-45.

44. 高鸿, 赵昕. 基于产业链与人才链深度融合的高职产业学院建设研究 [J]. 职教论坛, 2021（4）: 33-38.

45. 欧阳育良, 林仕彬. 产业学院的组织特征和体系设计 [J]. 职教论坛, 2021（4）: 39-43.

46. 万伟平. 现行机理下产业学院的运行困境及其突破 [J]. 教育学术月刊, 2020（3）: 82-87.

47. 黄彬, 姚宇华. 新工科现代产业学院：逻辑与路径 [J]. 高等工程教育研究, 2019（6）: 37-43.

48. 朱艳峰, 贺佐成, 叶雯, 曾令权. 基于产业学院的协同育人模式探索与实践 [J]. 中国职业技术教育, 2020（20）: 58-63.

49．梁东荣，袁飞，于忠军．基于三螺旋理论视角的大学治理创新[J].当代教育科学，2014（17）：35-38.

50．钟德仁，张晓秀，高芳凝，等．产业学院协同创新三螺旋理论分析[J].洛阳师范学院学报，2020（10）：51-55.

51．郭湘宇，周海燕，廖海．产教融合视角下"双主体、深融合"产业学院建设[J].教育与职业，2021（8）：62-65.

52．许文静．整体性视域下产业学院内部结构的治理逻辑研究[J].中国职业技术教育，2018（29）：12-16.

53．胡文龙，论产业学院组织制度创新的逻辑：三链融合的视角[J].高等工程教育研究，2018（3）：13-17.

54．吕景泉．五业联动——职业教育学科发展的新途径[J].中国职业技术教育，2018（10）：30-36.

55．刘锦峰，贺鑫．产业学院：高职院校产教深度融合的新途径——以跨境电商产业学院为例[J].当代教育论坛，2019（3）：96-104.

56．邓志新．"双高计划"背景下行业学院构建策略研究[J].职业技术，2020（9）：1-5.

57．王海欧．互动教学法在国际贸易实务教学中的探索与实践[J].河北职业技术学院学报，2005（4）.

58．张凤珍．浅谈高职国际贸易实务课程的教学定位[J].辽宁高职学报，2004（4）.

59．廖万红．《国际贸易实务》课程的教学模式探讨[J].广西民族学院学报，2004（12）.

60．张一峰．"实务类"课程案例教学法的几点体会[J].云南财贸学院学报，2004（6）.

61．戴士弘，毕蓉．高职教改课程教学设计案例集[M].北京：清华大学出版社，2007.

62．陈伟芝．基于工作过程的高职国际贸易实务专业课程体系之构建 [J]．职业教育研究，2011（6）．

63．陈钰，陈锋．基于能力本位的高职国际贸易实务课程教学探究 [J]．高教论坛，2009（5）．

64．邓志新．浅析高职《国际贸易实务》课程教学改革 [J]．中小企业管理与科技，2009（16）．

65．邓志新．高职以就业为导向的职业能力培育 [J]．科技信息，2012（34）．

66．邓志新．从供给侧结构性改革谈跨境电商人才培养 [J]．职教通讯，2016（20）．

67．邓志新，等．高职校企合作共建实训基地的模式探索 [J]．中国电力教育，2013（32）．

68．刘雨剑．跨境电商创业孵化中心项目手册 [J]．国家服务外包人力资源研究院教育中心，2016（4）．

69．邓志新．高职商业专业校企合作共建实训基地探讨 [J]．高等职业教育，2014（5）．

70．邓志新．校企合作共建实训基地的模式创新 [J]．深圳信息职业技术学院学报，2016（4）．

71．洪贞银．高等职业教育校企深度合作的若干问题及其思考 [J]．高等教育研究，2010（3）：58-63.

72．李强，等．国外高职实践教学和实训基地建设典型模式研究 [J]．职教论坛，2008（12）．

73．王应海，等．关于校企共建实训基地的研究 [J]．教育与职业，2007（9）．

74．吴健．基于"订单式"人才培养模式的校企合作实训基地建设[J].职教论坛,2011(17).

75．陈解放．基于中国国情的工学结合人才培养模式实施路径选择[J].中国高教研究,2007(7).

76．余祖光．职业教育校企合作的机制研究[J].中国职业技术教育,2009(4).

77．邓志新．高职国际贸易专业校企合作模式探索[J].中国电力教育,2011(8).

78．邓志新．中国高职校企合作模式研究[J].继续教育,2012(1).

79．林宏,等．高校校企合作共建校外实训基地的制度研究[J].当代职业教育,2013(12):19.

80．刘洋．高职校企合作实训基地建立的模式及实现形式研究[J].大学教育,2013(9):10.

81．雷利照．校企合作共建共享性实训基地的措施研究[J].职教论坛,2012(15):70.

82．隋明山．校企合作共建实训基地的实践研究[J].中国职业技术教育,2012(14):42.

83．刘晓,利益相关者参与下的高等职业教育办学模式改革研究[M].杭州:浙江大学出版社,2015.

84．王建梁,魏体丽．行业协会参与职业教育研究综述[J].中国职业技术教育,2011(6):15-18.

85．刘占年．高职教育核心职业能力分析[J].江苏技术师范学院学报,2008(1).

86．荀海鹏．以就业为导向的职业能力系统化课程的研究[J].商业文化,2012(1).

87. 季明明.供给侧结构性改革与职业教育伟大使命 [J].中国远程教育,2016(3).

88. 陈旭华.跨境电子商务人才培养模式研究 [J].价格月刊,2014(3):66-69.

89. 郑雪英,赵婷.信息时代下跨境电子商务人才培养路径探析 [J].江苏商论,2014(11):25-27.

90. 曾诚.校企合作背景下高职院校跨境电商人才培养模式探索 [J].中外企业家,2016(11):199-200.

91. 许颖乔.基于工作室运营阿里平台的校企合作实践初探 [J].职教通讯,2017(5):8-10.

92. 高子清,张金萍.跨境电子商务人才校企行政协同培养模式的构建 [J].黑龙江高教研究,2017(5):146-148.

93. 周洪宇.打造粤港澳大湾区教育和人才高地 [N].光明日报,2019-03-11.

94. 李晓庆.高校协同创新机制与人才培养模式研究 [M].北京:中国纺织出版社,2019.

95. 叶林,宋星洲.粤港澳大湾区区域协同创新系统:基于规划纲要的视角 [J].行政论坛,2019(3):87-94.

96. 卢晓中.推动粤港澳大湾区教育合作发展的思考 [J].中国高教研究,2019(5):54-57.

97. 许长青,卢晓中.粤港澳大湾区高等教育融合发展:理念、现实与制度同构 [J].高等教育研究,2019,40(01):28-36.

98. 谢爱磊,李家新,刘群群.粤港澳大湾区高等教育融合发展:背景、基础与路径 [J].中国高教研究,2019(5):58-63.

99. 高健,周志刚.基于协同创新视角的区域现代职业教育体系研

究 [J]. 中国职业技术教育，2016（12）：54-58.

100. 连晓庆，卢亚楠，王波 . 区域协同视角下高等职业教育的发展模式研究 [J]. 中国职业技术教育，2017（15）：74-78.

101. 叶林，宋星洲 . 粤港澳大湾区区域协同创新系统：基于规划纲要的视角 [J]. 行政论坛，2019，26（03）：87-94.